Daniel Duhr

Tennishölle

0:40 – Serve-and-volley an die Theke

IMPRESSUM

© Daniel Duhr, Velbert, und Andre Tzschaschel,
valuemedia ecommerce GmbH, Berlin
www.tennishoelle.de
ISBN 978-3-9819063-4-9
2. Auflage 2023

Grafik, Satz und Illustrationen:
© Verena Schulz, valuemedia ecommerce GmbH
Verlag: © valuemedia ecommerce GmbH
Bilder:
Seite 13, Mischa Zverev: © Ben Abbou
Seite 96, Anzeige: © BETTERGUARDS Technology GmbH
Seite 112, Karsten Braasch: © Karsten Braasch
Seite 119, Anzeige: © Garrett Ellwood/USTA
Seite 122, Daniel Duhr: © Detlev Kreimeier, WAZ

DANIEL DUHR

TENNISHÖLLE

0:40 – Serve-and-volley an die Theke

KARRIEREANFANG.

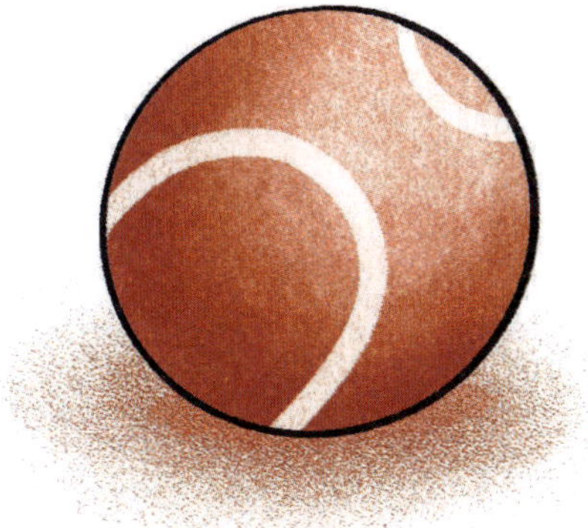

TENNISHÖLLE

0:40 – SERVE-AND-VOLLEY AN DIE THEKE

Wer dieses Buch liest, ist auf dem besten Weg, verrückt zu werden. Wer dieses Buch gelesen hat, ist verrückt. Komplett tennisverrückt.

„Trainer, hast Du noch einen Aufschlag-Tipp für mich? Samstag ist Medenspiel." „Ja. Nimm Rückschlag!"

Die Ehrlichkeit im Amateurtennis ist hart. So hart, wie der zweite Aufschlag, der ohne Umwege über einen sicherheitsgebenden Spin gerade gehauen zum Doppelfehler ins Netz hämmert. Hier tummelt sich der technische Bodensatz des Tennis, die Tiefbegabten, die konditionelle Unterschicht, all jene, die beim Sichtungstraining ungebremst durchs Raster gefallen sind.

Hier spielen aber auch die, die alles für den Verein geben. Die sich für ihre Medenmannschaft aufreiben. Die für den Tennissport leben. Kollegen, die Dir abends um 22 Uhr noch schnell den Schläger bespannen, damit Du am nächsten Morgen Dein Medenspiel spielen, wenn auch nicht gewinnen kannst. Die per Hand die Pfützen vom Platz trocknen, damit Du nach Feierabend Dein Stammtischdoppel zocken kannst. Die auch fünf Minuten vor Spielbeginn spontan für Dich einspringen, wenn Du es mal wieder nicht zur Winteraborunde schaffst. Vereinsmensch gewordene Beckerhechte!

Und jetzt viel Spaß mit diesem 124-seitigen Fünfsatz-Match. Hilferuf? Offenbarungseid? Liebeserklärung? Lies und entscheide selbst! Herzlich willkommen in der Tennishölle.

VORWORT

VON MISCHA ZVEREV

Tennis. Tennis ist so viel mehr als zwei Spieler, zwei Schläger und eine Filzkugel. Mehr als Sieg oder Niederlage, Ass oder Doppelfehler, Saitenriss oder Bänderriss. Tennis ist Hingabe und Leidenschaft, es geht um Psychologie und Präzision, Schnelligkeit und Athletik, Kraft und Cleverness. Der Tennissport gibt und nimmt. Dabei begleitet einen als Tennisprofi die gesamte Klaviatur an Emotionen. Von der kindlichen Freude über den ersten eigenen Schläger über die Höhepunkte und Tiefschläge einer bestenfalls langen und möglichst verletzungsarmen Karriere bis hin zum letzten Ballwechsel.

Für mich ist Tennis das Größte – nach der Familie natürlich, die aber in unserem Fall wie kaum eine zweite für die Liebe zum Tennis steht. Ich habe es bis in die Top 30 der Welt geschafft. Mein Bruder Sascha, mit dem ich selbst noch im Davis-Cup für Deutschland aufgeschlagen habe, hat es bis ganz nach oben geschafft und neben den ATP-Finals sogar die Goldmedaille in Tokio geholt. Ich glaube fest daran, dass er die Nummer eins der Welt werden kann. Um das zu erreichen, fokussieren wir uns jeden Tag neu auf unsere Aufgaben. Jeder Einzelne in unserem Team – vom Physio über den Bespanner bis hin natürlich auch zu unseren Partnerinnen, die uns Kraft geben und den Rücken stärken – greift mit ins Rad. Tennis ist Teamwork. Nur gemeinsam erreichen wir unsere ambitionierten Ziele.

Auf der Tour ist der Druck extrem hoch. Du darfst keinen Moment nachlassen, musst immer auf den Punkt fit und fokussiert sein. Die Karriere kann von einem auf den anderen Moment verletzungsbedingt enden. Deswegen sind wir natürlich jeden Tag aufs Neue dankbar, dass wir so erfolgreich sind und ein entsprechend privilegiertes Leben führen dürfen. Gleichzeitig arbeiten wir aber auch extrem hart dafür. Umso entspannender, schöner und immer wieder auch ein Stück erdender sind da die kleinen Momente, in denen wir mit unseren Fans und Tennisamateuren zusammen sind. Kleine

Spaßeinheiten auf dem Court, Trainings für Hobbyspieler während unserer Reisen, einfach mal ein paar Bälle schlagen mit einem begeisterten Fan. Und dazu noch die Matches, die wir zwischendurch verfolgen können, wenn wir in unseren Pausen vielleicht gerade sehen, wie nebenan ein Kind auf sein erstes Medenspiel vorbereitet wird. Auch das sind die Situationen, die mir persönlich unheimlich viel geben und die dafür stehen, wie breit die Freude am Tennis ist.

Jede Menge Spaß haben wir auch bei Eurosport. Wenn ich als TV-Experte im Doppel mit Tennis-Stimme Matthias Stach nicht nur das aktuelle Turniergeschehen einordne, sondern wir auch immer die spannenden Geschichten hinter den Profis erzählen. Anekdoten, Einblicke ins private Leben der Profis und Insights direkt vom Court: Auch die Größten unseres Sports albern zwischendurch gerne mal rum, scherzen, sind für einen Gag zu haben und bauen so natürlich auch ein wenig Tour-Stress ab. Da zeigt sich dann, dass Tennisspieler Tennisspieler bleiben – egal, in welcher Liga. Nur dass der Tweener vielleicht in den unteren Klassen etwas öfter mit starkem Schienbeinschmerz endet.

Wer einmal mit dem Tennis angefangen hat, kann den Schläger nicht mehr loslassen. Einmal Tennis, immer Tennis. Da freut es mich natürlich auch, dass mit diesem Buch ein ganz besonderes Tennisbuch erschienen ist. Keine Biografie, kein Trainingsbuch. Ein Buch, das einfach die Faszination Tennis beschreibt – und das auf unfassbar lustige Art und Weise. Hier und da schon sehr frech und provokant, aber immer mit Herz und Herzblut. Man könnte auch sagen: Die „Tennishölle" liest sich wie der Nick Kyrgios unter den Tennisbüchern.

Ich wünsche Euch viel Spaß beim Lesen und Lachen!

EUER MISCHA

Mikhail „Mischa" Alexandrovich Zverev ist am 22. August 1987 in Moskau geboren. Der Familienvater, Serve-and-Volley-Romantiker und Bruder von Olympiasieger Alexander Zverev hat in seiner Karriere einen Einzel- und vier ATP-Doppelturniersiege erreicht – und das alles mit links.

MISCHA
ZVEREV

INHALT

KAPITEL 1

DAS TENNIS

Tennis ist der schnellste Weg in die Psychiatrie.
Und gleichzeitig der schönste Sport, den die Menschheit bis heute erfunden hat.

Gibt es etwas Schöneres, als stundenlang mit einem Schläger auf eine immer wieder zurückfliegende, gelbe Kugel einzudreschen? Sich dabei weitgehend im anaeroben Bereich zu verausgaben und seine Knie, Schultern – und was sonst vom marodierenden Körper noch übriggeblieben ist – nach und nach in die Krankenakte zu schreiben? Nur, um schlussendlich am Gegner oder an sich selbst abermals zu verzweifeln? Wohl kaum.

Denn Tennis ist der schönste Sport der Welt. Tennis spielt man nicht – Tennis lebt man. Tennis liebt man. Das ist Fakt. Zumindest für all die Filzball-Jünger, die auch die andere Seite des Netzes kennen: das Gefühl, sich selbst, den Ball und den Gegner zu kontrollieren. Die Endorphin-Explosion nach einem präzise-perfekten Passierschlag. Die wohlige Erschöpfung nach einem lustvollen, lebendigen, leidenschaftlichen Match. Und den Weg zum Netz, diesen von Stolz- und Triumph-Gefühlen angeschwängerten Gang über den roten Asche-Teppich zur Platzmitte, um sich den bemüht-beleidigt-bedienten, äußerst knappen „Glückwunsch" des Gegners abzuholen.

Tennis, vermutlich irgendwann im 13. Jahrhundert von französischen Mönchen erfunden, ist ein echter Exportschlager. Erst als zweiterfolgreichstes Produkt nach trockenem Rotwein von Frankreich nach England, dann als zweiterfolgreichstes Produkt nach schwarzem Humor von England weiter in die ganze Welt. Schon Erich Kästner erkannte zu Zeiten der Weimarer Republik: „Tennis ist nicht nur ein Sport, sondern eine Kunst." Und diese Kunst lässt sich heute auf der ganzen Welt bewundern. Von den Kanonenaufschlägen des Kanadiers Milos Raonic über den spanischen Stier von Manacor Rafa Nadal bis hin zur japanischen Grand-Slam-Siegerin Naomi Osaka. Ziemlich mittig auf der Weltkarte findet man die Schweiz. Und da findet man wiederum den Mittelpunkt des Tennissports: Roger Federer. Das tennisspielergewordene Schweizer Präzisionsuhrwerk. Die Excellence-Initiative der ATP-Tour. Den Ästheten unter all den Tennisarbeitern, der diesen Sport, der seinen

Sport, mit den schwierigsten Schlägen aussehen lässt, als wäre er der leichteste der Welt.

Der einstmals „weiße Sport“ hatte auch in Deutschland jahrelang eine Sogwirkung, die in den späten Achtzigern und frühen Neunzigern mehr Zuschauer vor den Fernseher mobilisiert hat als „Wetten, dass?!“ und „Knight Rider“. Zumindest mehr als Knight Rider. Seit 1995, seit jenem Jahr, in dem Boris Becker sein letztes Wimbledon-Finale spielte und gegen US-Züngler und Federer-Vorgänger Pete Sampras verlor, leiden die Tennisvereine in Deutschland an Mitgliederrückgang. Erst 2021, 25 Jahre nach Steffi Grafs letztem Wimbledon-Triumph über Arantxa Sánchez Vicario, überstiegen die Eintritte die Austritte erstmals wieder. Mit aktuell über 1,3 Millionen Mitgliedern ist der Deutsche Tennis Bund nach den Fußballern und den Turnern der drittgrößte Sportverband des Landes. Die Transformation weg vom elitären Snob-Sport hin zum offenen, familienfreundlichen Volkssport ist vielerorts gelungen.

Doch Tennis ist auch Krieg – keine Frage. Dieses puristische Duell zweier Kontrahenten, nur mit einem Schläger und einer Kugel bewaffnet, getrennt von einem Netz und ansonsten nur durch wenige Linien und die eigene Technik begrenzt. Tennis lebt von seiner einzigartigen Vielseitigkeit. Tennis verlangt den Spielern alles ab: Schnelligkeit und Beweglichkeit, Kraft und Ausdauer, Technik und Taktik. Und den letzten Nerv. Wer Tennis spielt, verachtet seine mentale Gesundheit. Selbst Bauanträge, Jahresgespräche beim Chef und Telefonate mit der Telekom sind nicht annähernd so belastend, wie im Tie-Break gegen einen drei Klassen schlechter spielenden Kirmes-Gegner zu verlieren. Nadal, der 2015 in Wimbledon an Deutschlands unterhaltsamstem Profi Dustin Brown verzweifelte und deswegen seitdem die Haare verliert, dürfte das unterschreiben.

Aber Tennis gibt den Spielern auch viel zurück: Fitness und Gesundheit, Vereinsleben und Geselligkeit, Spiel und Spaß. Dass bei Tennis darüber hinaus die Altersempfehlung „3-99 Jahre“ greift, die sonst nur bei Spielen wie „Mensch-ärgere-Dich-nicht“ gilt, kommt als Bonus hinzu. „Mensch-ärgere-Dich-nicht“ wäre übrigens auch der ideale Name für einen Sport, der in so kurzer Zeit das Beste und das Schlechteste im Menschen weckt.

Natürlich müsste jetzt auch wenigstens noch ein Satz zum deutschen Olympia-Sieg Alexander Zverevs kommen. Wenn es in diesem Buch um Profi-Tennis ginge. Oder um gutes Tennis. Geht es aber nicht. Es geht um niederklassiges Tennis. Um schlimmes Tennis. Und doch um das schönste Tennis der Welt. Und da hat ab jetzt alles, was schon mal höher als LK 25 gespielt hat, keinen Platz mehr.

Herzlich willkommen zur längsten Liebeserklärung an den Tennissport. Mit allen Hochs und vor allem allen Tiefs, die wahre Liebe ausmachen. Herzlich willkommen in der Tennishölle!

KAPITEL 2

DIE TENNISHÖLLE

Über den Zaun fliegende Bälle, hinterherfliegende Schläger, sehr unforced errors und Stoppbälle, die im Grundlinien-Aus landen: Amateurtennis muss man einfach lieben.

Wieso dieses Buch Tennishölle heißt? Weil es passt. Denn sportlich ist das, was auf den meisten Ascheplätzen dem nicht vorhandenen Publikum präsentiert wird, die Hölle. Aufschläge, die hinter dem Zaun landen, Schläger, die direkt hinterherfliegen, sehr unforced errors schon beim Einspielen im Kleinfeld und motorische Defizite, die noch dramatischer als die technischen sind und die erst im dritten Satz nach dem vierten Radler langsam nachlassen. Amateurtennis ist wie eine mittelmäßige Hand beim Kartenspiel: keine Asse, dafür aber ein Joker.* Viel schlimmer geht es nicht. Gleichzeitig aber sind die vielen Anekdoten, die sich Match für Match auf und neben dem Platz aus dem Tennis-Alltag heraus entwickeln, höllisch gut. Und höllisch lustig.

Alle elf Minuten verliebt sich ein Single auf Parship. Mag sein. Alle elf Minuten zertrümmert ein Amateurtennisspieler sein Racket. Das ist Fakt. Bestenfalls haben sie dann nur einen alten Schläger, für den man bei Bares für Rares die Händlerkarte bekommen hätte, zerhauen. Schlimmstenfalls war es gar nicht der eigene – aber dazu später mehr.

Das Schöne an den vielen tausend täglichen Tennismatches tiefbegabter Hobbyspieler, die sich auf ihrer ganz eigenen Bühne in der Tonart b-schämend duellieren, sind die vielen Geschichten, die nur das Amateurtennis schreibt. Die meisten Tennisspieler wissen, dass sie eigentlich nicht richtig Tennis spielen können. Ganz tief in ihrem Inneren wissen sie es. Und sie müssen es auch gar nicht zugeben. Sie zeigen es ja Satz für Satz, Doppelfehler für Doppelfehler aufs Neue. Aus dieser Abwärtsspirale an sportlichen Unzulänglichkeiten entwickeln sich Situationen, die gibt es gar nicht.

**Wer angefangen hat, mit Joker zu spielen und bei seinem ersten Doppelfehler noch einen dritten und vierten Aufschlag probieren darf, der hat aufgehört, mit Ambitionen Tennis zu spielen.*

Sollte man meinen. Aber es gibt sie, jede Menge sogar. So viele, dass sich mittlerweile eigene Social-Media-Kanäle nur mit den Perlen des Amateurtennis beschäftigen. Die Insta-Seite Amateur-Tennis zum Beispiel feuert täglich erstklassige Sprüche zu unterklassigen Tennisspielern ins Zwerchfell der Leser. Und das mit Erfolg, denn die Pointen schreibt nicht der Autor. Sie entstehen direkt auf den Tennisplätzen. Und so unglaublich sie sind, so unumstritten ist ihr Wahrheitsgehalt. Denn das, worüber sich Amateurtennis-Deutschland jeden Morgen aufs Neue kaputtlacht, passiert eins zu eins so auf jedem Court. Beispiele gefällig?

AMATEURTENNIS IST,

... wenn der Stopp im Grundlinien-Aus landet.

... wenn beim Einspielen nach den Aufschlägen nochmal Grundschläge gespielt werden.

... wenn man beim Tennis mehr mit sich selbst spricht als mit seinem Partner zu Hause.

... wenn man nach dem dritten schlechten Ballwurf den Aufschlag trotzdem macht, obwohl man weiß, dass er nix wird.

... wenn man noch nie einen Tweener geschafft hat und trotzdem bei jedem Lob wieder einen versucht.

... wenn der eine sich fürs Match warmmachen will und der andere sagt: „Prima, dann kann ich ja derweil noch eine rauchen.“.

Es sind oft die kleinen Momente, aus denen große Geschichten entstehen. Das kann beim einsamen Selbstgespräch sein, aus dem wegen eines einzigen Netzrollers binnen Sekunden ein zorniger Tsunami mit fantastischen Schimpf-Neologismen erwächst. Oder bei der gemeinsamen Schlägersuche im Gebüsch. Und auch die vielen Mätzchen, die modischen und motorischen Entgleisungen sowie die bemerkenswert-bekloppten Marotten der so komplett unterschiedlichen Tennischaraktere sind mindestens ein Hawk-Eye zur genaueren Betrachtung wert.

In der Tennishölle interessieren keine ATP- und WTA-Titel. Grand Slams, Preisgelder und Balljungen kennt man hier nur vom Hörensagen. Vielmehr geht es um die Basis. Um die Petrischale des Tennissports. Um Spieler wie Dich und mich*. Ohne Rücksicht auf Verluste. Aus tiefster Überzeugung und tiefer Verneigung vor dem Amateurtennis. Mit viel Leidenschaft und Liebe. Und mit der Härte und Ehrlichkeit, mit der unterhalb von LK 15 jeder dritte Passierball gnadenlos im Bauch landet. Oder im Aus.

**Vermutlich eher um Spieler wie Dich. Ich habe keine Marotten. In einem Fußballtrikot aufzulaufen, seit fast 30 Jahren ausschließlich den Wilson Pro Staff Classic (Stefan Edberg) zu spielen und den zweiten Aufschlag wahlweise als weiteren ersten voll durchzuladen oder von unten in Michael Chang-/Nick Kyrgios-Manier – wenn auch ohne Erfolg – anzubieten, ist doch normal. Oder?*

KAPITEL 3

DAS EQUIPMENT

Weiße Wimbledon-Westen, angenehm-unangemessene Fußballtrikots und ein Wilson Pro Staff Classic von 1994 in einem Tenniskoffer von 1974.

Ausstattung ist alles. Das gilt für die Herren der Schöpfung im Allgemeinen. Und das gilt auch für den schönsten Sport, den der Schöpfer je erschaffen hat*, im Speziellen. Denn ohne den neusten Schläger, die griffigsten Schuhe und das stylishste Outfit kann man auch nicht gewinnen. Meint zumindest jeder tiefbegabte Amateurspieler LK 20 abwärts. Ist aber natürlich grober Unsinn – denn die teuersten Rackets haben oft die, die zurecht in überhaupt keiner Leistungsklasse geführt werden. Und die richtig guten Spieler holen auch mit ihrem 95er Head Radical Tour, der Bratpfanne gewordenen, gelb-schwarzen Schläger-Entgleisung Andre Agassis, ohne Satzverlust den Vereinsmeistertitel.

Auch bei den Damen kommt dem Equipment eine enorme Bedeutung zu. Wobei hier der Fokus mehr auf der Optik als auf der Qualität liegt. Und fast so treffsicher wie beim zweiten Aufschlag, liegt auch immer mindestens eine Teilnehmerin des montäglichen Damen-Doppel-Spaßes modisch komplett im Aus. Zur Freude der anderen, die sie zwar herzen und drücken zur Begrüßung, sich vorher aber bei einem großen Schluck aus der zweiten Prosecco-Flöte warmgelästert haben. „Aaaaach – Angelika. Du siehst ja toll aus!" Sieht sie nicht. Das muss man ihr natürlich auch nicht sagen. Aber der Tuschel-, Läster- und Schwurbelfaktor im Tennisclub steht dem im Büro in nichts nach. Nur, dass man bei seinem Tennis-Abo kein Geld verdient. Im Gegenteil. Dafür gibt's den nächsten Prosecco. Prost!

Doch dem Material kommt neben dem Einfluss auf die Spielperformance und die optische Performance noch eine dritte Funktion zu: Es ist nach „Die Kinder (...)!" und „Bestimmt das Wetter (...)! die Mutter aller Ausreden. „Ich muss den Schläger mal neu bespannen lassen." „Ich kann in den Schuhen einfach nicht richtig laufen."

**Als Schöpfer zeichnet hier Walter Clopton Wingfield, ein findiger Brite, auf dessen Patenteinreichung mit dem Titel „Ein neuer und verbesserter, tragbarer Platz zur Austragung des althergebrachten Tennisspiels" im Jahr 1874 das moderne Tennis zurückgeführt wird, verantwortlich.*

„Ohne meine Mütze läuft mir immer der Schweiß in die Augen – so ist mein Aufschlag natürlich schwer beeinträchtigt.“ Nein, nein und nein. Die Streuung in den Schlägen von Otto Normal-Tennisspieler ist mit neuer Saite genauso schlimm wie mit alter Ab-Werk-Bespannung oder ohne Bespannung. Das mit dem Laufen hat viele Gründe, zum Beispiel motorische und diätetische, ganz sicher aber keine, die das Schuhwerk betreffen. Und der Aufschlag? Ein besserer Einwurf. Das ginge auch ohne Augen.

Und weil die materielle Ausstattung so viel über die verschiedenen Tennis-Typen verrät, lohnt hier ein prüfender Blick. Wie übrigens auch bei jedem Lob, den der Gegner genau in dem Moment weggibt (Nee, is‘ lang!“), indem er erkannt hat, das weder Sprungkraft noch Laufgeschwindigkeit vorhanden sind, um den Ball zu erreichen. Und dann beim Austraben auf Höhe der Grundlinie mal eben durch den Abdruck trampelt. Sicherheitshalber. Aber zurück zum Equipment.

DER DRESS

Wenn jemand heute im Alltag noch weiße Tennissocken trägt, kann das nur drei Ursachen haben. Er ist Deutscher, Engländer oder Deutsch-Engländer, holt sich seine vom Dermatologen durchaus als veritabel eingestuften Sonnenbrände seit 30 Jahren am immergleichen Pool seines immergleichen Drei-Sterne-Al-Hotels auf Mallorca (gesprochen wie geschrieben), am Lago Maggiore (gesprochen wie Maggi – auch seit 30 Jahren in jedem Urlaub mit im Handgepäck) – oder vor der Strand-Frikandel-Bude in Renesse. Dann ist der Grund für die Ton in Ton mit den fies-kalkweißen und untrainierten Waden zur Schau gestellten Tennissocken eine Mischung aus Ignoranz der Mode gegenüber, Überzeugung seiner selbst und Kontrollverlust*.

Zweite Möglichkeit: Er ist so stylish unterwegs, dass er die weißen Tennissocken aus Retrogründen schon wieder in seinen auch ansonsten hippen Look einbaut.

Oder aber er ist Tennisspieler. Dann sind Tennissocken zwar auch nicht mehr zwingend in weiß und bis kurz unters Knie nötig, aber durchaus nachvollziehbar. Und weiß sind die zum Synonym für indiskutable Männermode deutscher Super-Touristen gewordenen Fußwärmer, weil Tennis wie keine andere Sportart für ein weißes Outfit steht.

Der „weiße Sport" entwickelte sich zunächst aus reinem Pragmatismus auf der Farbpalette Richtung hell. Denn die ersten Ballhäuser waren meist dunkel gestrichen. Und die Spieler waren in ihrer weißen Kleidung besser zu sehen. Die weiße Kleidung blieb jedoch auch in der Folge erhalten und fand Eingang ins frühe Regelwerk. Später – und bis in die frühen Neunziger hinein (in manchen Clubs auch immer noch und auf unbestimmte Zeit) – galt Tennis als elitärer Zeitvertreib. Da war weiß doch chic und ein schönes Statussymbol, um sich vom Pöbel abzuheben. Bis heute hat sich die weiße Kleiderordnung in Wimbledon gehalten. Noch immer müssen 90 Prozent der Kluft weiß sein. Auf so eine Weiß-Quote kommen sonst nur Zahncremes und alte weiße Männer in Positionen mit zu viel Verantwortung.

Im Amateurtennis tragen immer noch viele Spieler weiß. Zumindest Shirt oder Short oder Rock sind vielfach weiß. Warum auch nicht. Ein Sonderfall ist die weiße Weste. Nicht die sprichwörtliche, die gibt ja jeder Spieler schon in seinem ersten Aufschlagspiel mit zwei oder mehr unforced errors auf. Gemeint ist wirklich die Weste. Dieser im normalen Leben abseits des Courts Ende der Achtzigerjahre ausgestorbene Modeunfall, der zwar den Oberkörper vor Kälte schützt, dafür aber die Augen der Mitmenschen gefährdet. Tenniswesten waren noch in den Neunzigern auch bei Profis nicht unüblich. Michael Stich beispielsweise spielte sich bei unter 36 Grad fast immer mit Weste ein. Heute tragen nur noch die konservativsten aller tennisspielenden FDP-Wähler aus dem Main-Taunus-Kreis eine Weste.

**In Anlehnung an Karl Lagerfeld: „Wer eine Jogginghose trägt, hat die Kontrolle über sein Leben verloren."*

Die breite Masse der Amateurspieler hat sich modisch geöffnet. So, wie sich der Tennissport auch geöffnet hat, gerade noch rechtzeitig, bevor der Mitgliederschwund selbst den Kirchen Konkurrenz gemacht hätte. So gehören normale Sporthosen mit normalen Shirts bei den Herren und normale Sporthosen oder Röcke mit normalen Oberteilen bei den Damen* zur Normalität. In allen Varianten. Kurz oder lang, uni oder bunt, zu klein oder zu groß.

Etwas auffälliger ist der Spielertyp, der immer in der gerade neuesten Kollektion seines Idols auftritt. Schuhe: neu. Socken: neu. Hose: neu. Shirt: neu. Stirnband: neu. Manchmal scheint selbst die Frisur an die aktuelle Friese des Vorbilds angepasst zu sein. Dieser Style ist nicht nur sehr teuer, er sagt auch viel über den Spieler aus. Über dessen Unsicherheit, die sich mitunter ins Spiel überträgt. Wer also mit perfektem Outfit, an dem gerade noch das Preisschild gehangen haben muss, auf dem Platz aufkreuzt, bietet sich möglicherweise für ein kleines Mental-Scharmützel beim Seitenwechsel an. Einfach mal ausprobieren und an der Bank fragen, warum denn das neue Tennishemd so viel besser aussieht, als die Aufschlagbewegung.

Besonders ins Auge fällt jener Charakter, der eins zu eins die Nadal-Trends mitgeht. Und dann – meistens zur French-Open-Zeit – auch mit Muskelshirt in Pink und zu knapper Hose aufläuft. Übrigens auch dann, wenn der Bizeps nicht annähernd Nadal-Format aufweist. Dafür tippt er im Schnitt zwei Minuten kürzer vor dem Aufschlag.

Einer ganz anderen Fraktion gehört der Trikotträger an. Er ist sowas wie der Antichrist in den Augen der Puristen, Traditionalisten und Wimbledon-Verfechter. Ganz ungeniert und ungeschminkt kommt dieser im Fußballtrikot auf den Platz. Einfach so. Und warum auch nicht? Deswegen macht er ja nicht bei jedem Schuss auf den Körper eine Schwalbe oder spuckt nach jedem Sprint auf den Boden. Vor einigen Jahren jedoch wäre das noch undenkbar gewesen. Und so lassen sich auch die Blicke derer interpretieren, die diese

Entwicklung überhaupt nicht gutheißen und wortlos abstrafen. Mit einem Blick wie der von Rafa Nadal, nachdem ihm Nick Kyrgios das dritte Ass von unten rübergeschnibbelt hat.

KOPFBEDECKUNG

Weniger Potenzial für Konflikte bietet die Kopfbedeckung. Hier geht alles von einfachem Haar über überhaupt kein Haar mehr bis hin zu Basecaps, Stirnband und Kopftuch. Wobei das Stirnband – zumindest in der Oldschool-Baumwoll-Variante – und das Kopftuch – zumindest in der aggressiven Agassi-Piraten-Optik auch hier und da für Kopfschütteln sorgen.

SCHUHWERK

Beim Schuhwerk lassen sich im Amateurbereich nur zwei Gruppen unterscheiden. Die eine trägt Tennisschuhe und ist damit gut beraten. Die andere trägt keine Tennisschuhe und fällt damit auf die Nase. Was erneut nicht nur im übertragenen Sinn gemeint ist, was jeder nachvollziehen kann, der mal versucht hat, in Laufschuhen oder Hallensportschuhen Tennis zu spielen. Das geht nämlich maximal so lange gut, bis der Gegner den ersten Stoppball – ob gewollt oder, was weit öfter vorkommt, als Rahmenball – platziert und man einen dieser Umknicker produziert, den ein Zuschauer nur einmal gesehen haben muss, um ihn nie wieder vergessen zu können. Stichwort: Michael Stich. Unvergessen die schlimmen Bilder, als der Elmshorner sich 1995 im Viertelfinale von Wien gegen Todd Woodbridge einen Bänderriss zuzog.

SCHLÄGER

Was dem Fußballer sein Fuß, dem Boxer seine Faust und dem eSport-Gamer seine rechte Hand ist, ist für den Tennisspieler sein Tennisschläger. Mittel zum Zweck, ja. Aber noch viel mehr. Verlängerter Arm, Präzisionsinstrument, Bestrafer für den Gegner und Wut-Ablass-Ventil für einen selbst. Zwar werden heute nicht

**Hier und da sollen sich Vereine mittlerweile sogar so weit geöffnet haben, dass man von „Frauen“ statt von „Damen“ sprechen darf.*

mehr ganz so viele Schläger geworfen wie zu Zeiten von Marcos Baghdatis, der bei den Australian Open 2012 vier Rackets in 25 Sekunden zertrümmerte. Hoch emotional ist die Beziehung zwischen Spieler und Schläger aber immer noch. Die Schläger-Spieler-Beziehung ist im Prinzip wie eine Partnerschaft: Solange die Bälle nicht zu lang werden und alles läuft, möchte man ihn jeden Tag nehmen, mit ihm Spaß haben und ihn nie wieder hergeben. Doch je älter er wird, desto mehr Macken bekommt er und irgendwann schmeißt man ihn raus.

Auch die Anzahl der Schläger variiert je nach Charakter. Manche bevorzugen einen festen, andere spielen mit mehreren. Generell sind – wie bei der Partnerwahl auch – die Geschmäcker verschieden. Neue oder alte Modelle, optisch auffallend oder eher dezent, großer oder kleiner Kopf, eher harte oder eher weiche Saiten. (Die Frage ob mit oder ohne Gummi, sprich: Schwingungsdämpfer, klammern wir hier mal aus ...)

Generell ist die Schlägerwahl eine Typfrage. Kopflastig oder nicht? 690 oder 630 Quadratzentimeter Schlägerfläche? High-end-Modell oder das Schmuckstück, das einen schon seit über zwei Jahrzehnten treu auf die Courts begleitet? Denn die gibt es auch noch. Diese Positiv-Bekloppten, die immer noch mit einem Wilson Pro Staff Classic von 1994 hantieren. Selbst, wenn der mittlerweile sein achtes Ösenband überlebt hat und der ihn spielende Romantiker in Anlehnung an Stefan Edberg auch heute noch gnadenlos versucht, mit seinem Serve-and-volley-Spiel über die Runden zu kommen.

BÄLLE

Der Ball ist rund. Das stimmt in der Regel. Doch das ist auch schon so ziemlich die einzige Überschneidung, die im Amateurtennis beim Thema Bälle zu beobachten ist. Schon bei der Farbe ist gelb zwar die Regel, orange, weiße und bunte Bälle streuen sich aber immer mal wieder ein – und sei es nur im Kinderbereich oder, um seinen Gegner zu provozieren.

Ansonsten gibt es nichts, das es nicht gibt. Drei Bälle, vier, sechs oder ein ganzer Eimer, neu, alt, uralt, in der Dose, im Karton oder in der Tüte. Der Ausstattung und der fantasievollen Ausgestaltung sind hier kaum Grenzen gesetzt. Ob Dunlop, Tretorn, Slazenger oder wie sie alle heißen – eins haben sie dann doch alle gemeinsam: Sie landen früher oder später – in der Bezirksklasse B und drunter eher früher – im Netz, im Aus oder im Gebüsch.

TASCHE

Wer auf Reisen geht, nimmt eine Reisetasche mit. Wer zum Sport geht, eine Sporttasche. Wer Hunger hat, bestellt eine Maultasche. Und wer zum Tennis geht, nimmt eine Tennistasche mit. Ist doch normal – oder? Ja, ist es. Aber nicht jeder Amateur-Tennisspieler ist normal. Und was ist schon „normal". Schwierige Frage.

Nicht normal ist es auf jeden Fall, zusätzlich zu seiner Tennistasche – im Amateurbereich (!) – noch ein Racketbag mitzuschleppen. Das sind diese schlägerförmigen Taschen, die die Profis immer über der Schulter tragen, wenn sie den Platz betreten. Racketbags fassen in der Regel vier bis zehn Schläger. Ein Amateurspieler braucht zwei. Und den zweiten auch nur, wenn er den ersten nach dem drölften unforced error dem Wertstoffkreislauf zugeführt hat. Und: Was ist denn dann alles noch in der anderen, ebenso großen „normalen" Tasche, die viele ZUSÄTZLICH mit auf den Platz nehmen? Außer der Flasche Wasser, ein paar Bällen und dem üblichen Krimskrams, der in jedes Seitenfach jeder Tasche der Welt gepasst hätte? Vielleicht gar nichts und der Freiraum dient als Rückzugsort, sollte sich nach dem vierten Smash ins Netz kein Loch in der Asche auftun, in dem man versinken könnte.

Manche Spieler kommen mit einem Rucksack. Die meisten davon mit einem vergleichsweise teuren Tennisrucksack. Das ist ein normaler Rucksack mit einem Schlägerfach außen und irgendwelchen Marketing-Tennis-Buzzwords wie „Ace", „Performance" oder „Topspin". Die Minderheit nimmt einfach einen normalen Rucksack. Und packt den Schläger mit ins Hauptfach. Dann schaut der Griff gerade oben raus. So stimmt wenigstens einmal die Griffhaltung.

Sehr selten und schon so alt, dass er fast schon wieder kultig ist, ist der Tenniskoffer. Scheint früher gang und gebe gewesen zu sein. Zumindest sieht man sie gehäuft bei Spielern, die noch eine einhändige Slice-Rückhand und eine einhändige Topspin-Rückhand beherrschen. Und wer, der nach 1970 geboren ist, tut das heute noch?

Je nachdem wie sehr man auf den neuen Schläger gespart hat, wie hart der Vorabend war oder wie schmerzfrei man generell zu sein scheint, kommt auch immer mal wieder jemand mit einer Tüte auf den Platz. Schuhe, Bälle (lose), Wasser, Schlüssel – alles drin. Und auch noch wasserabweisend.

Leider gibt es auch immer weder Puristen. Die nur sich selbst mitbringen. Und keine Tasche und auch sonst keine Art Aufbewahrungsutensil dabeihaben. Einfach vergessen. Bestenfalls haben sie als Entschuldigung wenigstens ein Bierchen im Kofferraum für den Fall, dass das Clubhaus zu ist, weil der Wirt sich auch vergessen hat.

SEHHILFEN

Es scheint, als bräuchten die allermeisten Amateurspieler eine Sehhilfe. Anders lassen sich die Treffpunkte abseits des Schlägerzentrums, die verweigerten Volleys und Schmetterbälle, von denen die tiefbegabten Racket-Raketen glaubten, sie gingen ins Aus – obwohl sie einen Meter vor der Linie landen –, und auch manche Ballwürfe beim Aufschlag trotz intakter Hand-Auge-Koordination nicht erklären.

Zum Einsatz kommen neben klassischer Brille und Sportbrille, die es in den Versionen „dezent“ bis „Horace Grant“ gibt, auch Sonnenbrillen (vor allem bei den auf Sonntagmorgen terminierten Medenspielen) und Kontaktlinsen. Diese sind übrigens ein fantastischer Ausreden-Elfmeter. Ab 16 Uhr berufen sich Kontaktlinsenträger wahlweise auf die einbrechende Dämmerung, die tiefstehende Sonne oder irgendwelche im Auge gelandeten Insekten. Und das bei fast jedem Ball, den sie blind in die falsche Ecke spielen. Also bei fast jedem Ball.

Getränke

Welches ist das Sportgetränk Nummer eins? Wasser natürlich. Durstlöscher, gesund, günstig. Und im Amateurbereich völlig ausreichend. Abgesehen von den Cracks, die auch bei Temperaturen, bei denen es selbst Hitzegewittern zu heiß und zu schwül wird, noch ihren Tennis-Jour-fixe über fünf Sätze abhalten. Die brauchen tatsächlich Elektrolyte. Und Hilfe.

Die meisten Tennisspieler trinken auch Wasser auf dem Platz. Und doch, um noch einmal auf die Eingangsfrage nach dem Sportgetränk zurückzukommen, ist beim Amateurtennis keineswegs gesichert, dass Wasser die Flüssigkeit der Wahl ist. Nein, nicht Isostar und Co., nicht irgendwelche Schorlen, Mixgetränke oder Energydrinks könnten dem Wasser das Wasser reichen – es ist das güldenste aller Getränke. Bier natürlich! Vor dem Spiel, wenn es so gesellig ist, der Platz aber noch nicht frei ist. Während der Regenunterbrechung. Nach dem Spiel im Clubhaus, klar. Und nicht zu vergessen das Duschbier und das Bierchen beim Seitenwechsel, wenn aus dem bierernsten Einzel ein Spaß-Doppel geworden ist und die Bestellung des Vierer-Pils-Tabletts auch schon mal quer über drei Plätze geschrien wird. Was dazu führt, dass sich vereinzelt auch mal ein Einzel vom Nebenplatz der Order anschließt. Zum Wohl!

Accessoires

Das Equipment des Tennisamateurs wäre nicht vollständig ohne gewisse Accessoires. Da ist zum Beispiel der Ballhalter, der Frauen vor allem in den späten Neunzigern wie ein Hasenschwäzchen aus der Rücknaht des Tennisrocks gewachsen zu sein schien. Praktisch.

Ein ähnlicher Hingucker ist die Ellenbogenbandage. Hilft bei einem Tennisarm, der vermutlich viel öfter ein Mausarm ist. Sieht aber mächtig professionell aus. Und ist natürlich auch wieder ein Baustein der von langer Hand geplanten Ausrede nach der Tie-Break-Niederlage. „Ja, Klaus, hinten raus habe ich leider wieder Probleme mit meinem Arm gehabt. Hast Du ja sicher auch gemerkt dann, oder?" Nein, hat Klaus nicht. Klaus hat einfach gewonnen, weil seine Kondition auch für längere Ballwechsel jenseits der T-Linie noch gereicht hat.

Hinzu kommen Magnesium-Tabletten, Blasenpflaster, Wundpflaster, Nikotinpflaster und viele andere, mehr oder weniger mit Tennis in Verbindung stehende Accessoires. Die meisten davon wären sicher verzichtbar. Sie kämen einem Pro Staff Classic spielenden Tennisromantiker nicht in die Tasche. Und würden auch nicht dahinpassen, zu dem Ersatz-Ösenband und dem Tütchen Ivan-Lendl-Sägespäne, das für den nötigen Grip sorgt, wenn die schweißgetränkte Hand am braunen Original-Ledergriffband mal den Halt verlieren sollte.

KAPITEL 4

DER TRAINER

Braun gebrannt und schwarz bezahlt: Tennistrainer zu sein ist die maximale Rechtsverschiebung auf der X-Achse der Work-Life-Balance. Gleichzeitig müssen sie die eigentlich Untrainierbaren trainieren.

Wer als Beruf „Tennistrainer“ angeben kann, der hat die „Gehen-Sie-über-Los-Karte“ gezogen, drei Häuschen auf der Schlossallee inklusive. Doch besonders diejenigen, die Übungsgruppen im eher niederqualitativen Bereich betreuen, müssen Abstriche machen.

Tennistrainer verfügen alle über unglaubliche Nehmerqualitäten, ohne die diese Tortur, dieses zum Scheitern verurteilte, tollkühne Unterfangen, weitgehend talentfreie Hobby-Spieler zu trainieren, gar nicht auszuhalten wäre. Und – egal, ob sie sich das Drama nun zumuten, weil sie überhaupt nichts Besseres zu tun haben, alles besser wäre, als zu Hause beim Partner zu bleiben oder sie selbst noch nicht so genau wissen, was sie dazu getrieben hat – sie haben eins gemeinsam: Sie sind Lebemänner. Braun gebrannt. Nur Straßenbauarbeiter und Formationstänzer konkurrieren mit dem Tennistrainer noch um die sonnenverwöhnteste Hautfarbe. Wobei die Tänzer ihr Indoor-Programm im Schatten und deswegen unter Zuhilfenahme von Bräunungscremes abspulen.

Tennistrainer wissen am Ende ihres Arbeitstages nicht, was sich schneller vergrößert hat – ihr Portemonnaie oder ihr Sonnenbrand. Sie fahren heiße Autos, meist Cabrios, und haben auch sonst für „oben ohne“ viel übrig. Dem Klischee nach kriegen sie „jede“. Ist übrigens kein Klischee. Zur Wahrheit gehört aber auch, dass Tennistrainer – vor allem diejenigen, die Kindertraining geben – stets mit einem Fuß im Gefängnis stehen. Einmal die Bälle nicht aus dem Feld räumen lassen und damit grob fahrlässig einen Bänderriss in Kauf genommen oder einmal bei über 25 Grad in der Sonne den Sören ohne Sonnenhut spielen lassen, schon stehen die klagefreudigen Eltern auf der Matte. Wie gut, dass genug Bargeld in der Jogginghose ist und man dann auch außergerichtlich meist eine Einigung findet. Von den Stundensätzen guter Tennistrainer träumen selbst die nimmersatten und chronisch unverschämten Handwerker noch.*

**Natürlich gibt es auch Handwerker, die gut, zuverlässig und zu fairen Preisen arbeiten. Ich kenne nur keinen.*

Wer als Nebenjob ein bisschen Tennistraining gibt, der muss den Januar nicht fürchten. Kraftfahrzeugversicherung, Hausrat, Haftpflicht und was sonst noch alles den Jahresbeginn tiefrot werden lässt? Zahlt der Nebenbei-Tennistrainer nebenbei. Kein Problem. Auch sonst hat er wenig Probleme. Als Job neben dem Studium, zum Aufstocken des Gehalts oder um die Rente in einen zum Lebensunterhalt ausreichenden Bereich zu treiben: Ein paar Stunden die Woche in der Sonne ein paar Bälle zuzuspielen, ist leicht verdientes Geld. Wer hauptberuflich als Tennistrainer durchs Leben schlendert, darf sich nur nicht verletzen. Sonst endet der Berufsschlendrian auf der Sonnenseite des Lebens abrupt.

Ob Vollzeit oder stundenweise, ob angestellt oder bar in die Tennistasche, ob für Damen, Herren, Kinder oder den gesamten Verein: Tennistrainer haben viele Gemeinsamkeiten. Aber ein paar Stereotype lassen sich auf fast jeder Anlage finden.

DER VETERAN

Der Veteran ist der einzige Trainer-Typ, der in der Tennishölle problemlos besteht. Er hat keine aktuelle Trainerlizenz. Weil er keine braucht. Er hat auch keine Pulsuhr. Weil er auch die nicht braucht. Der Veteran ist maximal routiniert. Und maximal entspannt. Seine enorme Gelassenheit kommt nicht von ungefähr. Sie ist begründet durch die tiefe Erkenntnis, die er im Laufe seiner vielen tausend Trainerstunden gewonnen hat: Hier in der Tennishölle geht es um nichts. Niemand verdient hier Geld mit Tennis. Außer er natürlich. Mit diesem Wissen lässt es sich erheblich lockerer coachen. Natürlich will der Veteran seine Schüler besser machen. Er weiß im Gegensatz zu anderen Trainern aber, dass das in der Regel nicht funktioniert. Und nimmt es sportlich. Oder isotonisch. Oder beides.

Methodisch-didaktisch ist der Veteran eher pragmatisch aufgestellt. Er bedient sich dem Instrumentenkasten der alten Schule. Und der enthält nun mal nur seinen Schläger und einen Eimer voll mit 80 ausgelutschten Bällen. Folgerichtig bietet er auch genau das an: Training aus dem Eimer. Immer und immer wieder spielt er stumpf aus seinem 25 Jahre alten Tretorn-XL-Eimer – oder wahlweise aus einem Korb (Level zwei in punkto Bequemlichkeit) oder einem bei Rewe entliehenen Einkaufswagen (Level drei) – seine Anspiele runter. Schlagtraining direkt aus den Achtzigern. Links, rechts, kurz, lang, hoch, flach, Topspin, Slice, schnell und langsam – und wenn der Eimer und der Gegenüber alle sind, geht es wieder von vorne los. Die ganze Stunde – jede Stunde.

Korrekturen gibt er keine. Die Trainingsstunde unterscheidet sich von der, die er vor 30 Jahren auf demselben Platz schon gegeben hat, nur in drei Dingen. Erstens: Das Shirt des Veteranen, jenes bunte Nike-Jersey aus der damals aktuellen Agassi-Kollektion, mit dem der frühere Paradiesvogel aus Vegas und heutige Ehemann von Steffi Graf schon bei Nick Bollettieri trainiert hat, ist über die Jahre etwas ausgebleicht. Zweitens: Im Clubhaus wird jetzt Warsteiner statt Wicküler ausgeschenkt. Und drittens: Die Stunde kostet heute 30 Euro statt 30 Mark. Ansonsten hat sich trotz gravierender trainingswissenschaftlicher Entwicklung nichts verändert.

Einen Trainer-Veteranen kennt man in jedem größeren Verein. Zu erkennen auch an so gewaltigen Tipps wie „Wer den Arm laufen lässt, lässt auch den Gegner laufen!“ Ähnlich groß wie seine Bekanntheit ist auch seine Beliebtheit. Er ist immer gut gelaunt, bodenständig, sympathisch. Und natürlich auch gewaltig verrückt. Tennisverrückt.

DER SPIELERTRAINER

Der Spielertrainer hat im Gegensatz zum Veteranen nicht mal eine abgelaufene Trainerlizenz. Er hat das Trainieren nie gelernt. Man könnte sagen, er ist die Geflügelbratwurst unter den Tennistrainern. Bevor Gemüse auf den Grill geworfen wird, greift man noch schnell zu – satt, zufrieden oder gar glücklich wird man mit der Entscheidung aber nicht. Im Grunde genommen ist der Einstieg in diese Untergattung zu wohlwollend formuliert. Das gilt übrigens auch für die Geflügelwurst. Denn: Auf den Grill gehört neben Fleisch und einer ehrlichen, von vier Seiten gerösteten Bratwurst meinetwegen noch knackiges Gemüse. Aber keine Federviehwurst. Und analog dazu gehört ein Spieler nun mal aufs Feld und ein Trainer an die Seitenlinie. Beides zusammen funktioniert nicht. Bei hochklassigen Tennistrainings nicht und im Technik-Outlet Tennishölle schon mal gar nicht.

Der Spielertrainer ist auch ein guter Typ. Und ein guter Spieler, wurde mal von irgendwem für einen guten Spieler gehalten oder hält sich zumindest selbst für einen guten Spieler. Nur leider kein guter Trainer. Das ist so vorhersehbar wie der Doppelfehler nach kurzem Zögern, ob man den vom ersten Aufschlag ins Feld zurückrollenden Ball abräumen soll oder nicht.

DER AMBITIONIERTE

Der Ambitionierte kommt dem, was man als Trainer erwarten würde, schon sehr nahe. Er hat eine Trainerlizenz, manchmal sogar mehrere und verfügt in der Regel über jede Menge Erfahrung als Spieler und als Trainer auch in höheren Ligen. Bevor er sich in seiner Tenniskarriere in Richtung Tennishölle verfahren hat, war er auf den Centercourts zu Hause. Da, wo Zuschauer auf einer Tribüne statt einer Böschung sitzen. Da, wo Sprinkleranlagen statt ausrangierter C-Schläuche der freiwilligen Feuerwehr den Platz wässern. Da, wo die Schlägersaiten beim Aufschlag reißen und nicht beim Schlag auf den Netzpfosten. Kurzum: Der Ambitionierte ist maßlos überqualifiziert, von seiner Tennis-Kompetenz her komplett unterfordert und genau deswegen hoffnungslos überfordert.

Als Konzepttrainer versucht der Ambitionierte, jungen Nachwuchsspielern und motivierten Erwachsenen die Basics mit sportwissenschaftlich fundierten Trainingseinheiten beizubringen. Grundausbildung am Ball, Laufschule, lernen, die richtigen Entscheidungen zu treffen. Klappt aber nicht. Beispiel?

„So, Thema Angriffsschlag und aufrücken ans Netz. Wir treiben den Gegner mit einem cross gespielten Ball aus dem Feld und gehen vor ans Netz. Dabei ist entscheidend, dass wir uns dann natürlich nicht mittig positionieren – sondern in der Winkelhalbierenden der

Antwortmöglichkeiten." Von den vier Trainierenden tragen drei jetzt auf ihrem Basecap zusätzlich ein riesiges Fragezeichen. Nur einer scheint die Ansage des Trainers in der Theorie zu verstehen und darf auch direkt anfangen, es vorzumachen. Kevin spielt also einen schönen Vorhand-Cross-Ball mit ordentlich Spin, rückt auf und versucht, sich so exakt wie möglich in der Winkelhalbierenden aufzustellen – und zack: krümmt er sich auf dem Boden, weil er bei all der Theorie den Ball nicht hat kommen sehen. Bauchtreffer. Abbruch. Kevin beleidigt, Trainer frustriert, die anderen drei machen Schnick-schnack-schnuck, wer den Platz abzieht.

FAZIT

Alle Tennistrainer einen zwei Dinge. Erstens: Sie sind tolle Typen, die wenigstens versuchen, aus so talentfreien Hobbyspielern wie Dir und mir das Beste rauszuholen. Und zweitens: Sie haben nicht nur immer einen Reserveball für ein schnelles Anspiel in der Tasche – sie haben auch immer einen Spruch auf Lager. Besonders nachhaltig ist beispielweise dieser hier: „Wie kann ich meine Rückhand noch verbessern, Coach?" „Umlauf sie!"

Danke an alle Tennistrainer da draußen. Für genau diese Ehrlichkeit. Für die Geduld, es dennoch auch nach dem zwölften, ersten Ball ins Netz immer weiter zu probieren. Und für die trotz all der technischen, spielerischen und motorischen Differenzen vielen, vielen schönen Trainingsstunden auf dem Platz!

KAPITEL 5

DER KLOPPER

Wer so obszön hart auf die Filzkugel einschlägt, kann sich nur selbst schlagen – und tut das dann meist auch.

Der Klopper ist der beste Spieler auf dem Platz. Denkt zumindest der Klopper. Für alle anderen ist er ein maximal unangenehmer Gegner, der sich in der Sportart geirrt zu haben scheint. Ein technisch eher introvertierter Kraftprotz, ein Inside-out-Prolet, einer, der seine Rackets per Hand mit 29 Kilo bespannen könnte. Wenn er wüsste, wie man einen Schläger bespannt. Trotz all der Kraftmeierei ist er mitunter ein äußerst dankbarer Medenspielgegner. Wenn man ihn zu nehmen weiß.

Des Kloppers Markenzeichen ist, dass er wie ein Geisteskranker auf die Kugel kloppt. Spielstand? Egal. Ballwechselverlauf? Egal. Schlagoption und eigene Position? Egal. Der Klopper, in manchen Clubs auch Pöhler, Wemmser, Bum-Bum oder Bam-Bam genannt, prügelt auf die Bälle ein, wie es Jim Courier mit seiner Vorhand-Peitsche zu seinen besten Zeiten getan hat. Nur dass der Klopper beim Seitenwechsel kein Buch liest.

Vom Typ her ist er – anders als bei seinen technischen Fähigkeiten und Fertigkeiten – nicht limitiert. Mal ist er ein pöbelnder Prolet, der seine Umgangsformen statt auf dem Tennisplatz auf einem Ascheplatz in der Fußball-Kreisliga B erworben hat, mal ist er ein gestriegelter, netter Kerl, dem bloß zum Ende der Pubertät ein Kanonenbizeps gewachsen ist. Was auch immer er für einen optischen Eindruck an den Tag legt – spielerisch ist er ein Kraftpaket. Aber eins mit technischer Basisausstattung. Keinerlei Extras – außer ein paar Extra-Rackets, weil er im Schnitt drei Seiten durchdrischt. Wäre er eine Blume, wäre er ein Baum. Wäre er ein Auto, dann ein SUV. Und zwar eins aus der Oberklasse, das Mütter fahren, um ihren Jamie-Kevin vom zwei Fuß-Minuten entfernten Privatgymnasium abzuholen, während der Mokassins tragende Veganer-Vater im Homeoffice auf seinem E-Bike zum Hipster-Bäcker schwurbelt, um sich einen Chai-Kaffee-Latte zu gönnen. Mit dem Auto gewordenen Mittelfinger Richtung Klimawandel fährt Frau Mama ihren Jamie-Kevin übrigens auch noch zum sechs Fuß-Minuten entfernten Tennisclub. Gruppentraining. Dort verliert der Sprössling, den Mami und Papi schon beinahe in Wimbledon wähnen, dann gegen León und

Mehmet. Die sind zwar erst zwölf und damit drei Jahre jünger als Jamie-Kevin, dafür aber alleine mit dem Fahrrad gekommen.

Zurück zum Klopper. Man erkennt ihn leicht. Zum Beispiel an seinem Aufschlag. Er unterscheidet nicht zwischen erstem und zweitem Aufschlag. Bei beiden lädt er voll durch. Kein Spin, kein Slice, kein Winkel. Dafür serviert er mit maximaler Härte. Wenn es gutgeht, ins Feld. Dann ist es ein Ass, ein Service-Winner oder eine Verletzung des Gegners. Wenn es nicht gutgeht, ins Aus. Dann ist es ein Fehler, ein Doppelfehler oder eine Verletzung des Gegners. Wenn der Erste nicht zündet, schickt er auch sofort den Zweiten hinterher. Ball aus dem Feld räumen? Zeitverschwendung. Das gleiche gilt fürs Tippen und die Konzentrationsphase. In seiner Gesamtheit erinnert der Aufschlag des Kloppers an eine Mischung aus Goran Ivanišević, Richard Krajicek*, Dustin „Ich schieß‘ mal eben Rafa Nadal in Wimbledon vom Platz, aber am nächsten Tag verliere ich vielleicht gegen einen Verbandsliga-Spieler“ Brown und Mark-Kevin Goellner**.

Taktisch erkennt man beim Klopper eine klare Ausrichtung. Neben den Aufschlägen aus der zweiten Etage, bei denen auch gerne mal wahlweise der Ball inklusive Dämpfer ohne vorher aufzutippen über den Zaun fliegt oder das Schienbein im Zuge der Ausschwungbewegung gespalten wird, gilt auch für alle anderen Schläge: Vollgas. Halbvolleys werden automatisch als Drive reingeprügelt. Oder an den Zaun mit der evergreen-grünen Reklame von Bäcker Hessbacher gedonnert. Volleys werden trotz aller Trainerwarnungen nicht gedrückt, sondern unter Volllast noch so gerade eben knapp vor oder Meter weit hinter die Grundlinie geschlagen. Und der Schmetterball ist immer ein sicherer Punkt für den Gegner. Denn der Smash des Kloppers geht regelmäßig mit der Flugkurve eines Golfabschlags in die Prärie. Bleiben noch die Vorhand und die Rückhand. Wovon die Rückhand keine Rolle spielt, da der Klopper jede Rückhand umläuft. Wirklich jede. Selbst die weitwinkeligste Rückhand cross des Gegners kommt per Inside-out zurückgedroschen. Und wenn er dafür über den Zaun auf den Nachbarcourt scheren und den Ball aus dem Doppelkorridor des Nachbardoppels spielen muss.

Viel Spin, Finesse oder Abwechslung ist bei den Vorhand-Peitschen übrigens nicht zu erwarten. Auch hier ist Härte Trumpf. Dabei interessiert es den Klopper auch nicht, ob der Gegner ans Netz aufgerückt ist. Er hält voll drauf – mit den Optionen Netz, Zaun oder Körper. Das gilt übrigens auch fürs Doppel, was mitunter zu gewissen Spannungen führen kann. Oder zum Spielabbruch.

Der Klopper kommt meist gar nicht aus dem Tennis. Oft ist er Fremdgeher und betreibt Tennis als seine Affäre. Eigentlich ist er Fußballer oder Handballer, was ihm ein gewissen Ballgefühl und die entsprechende Athletik mit auf den Weg gegeben hat. Als Quereinsteiger hält er sich auch nicht ans Drehbuch für endlose Cross-Duelle mit dem Warten auf die Chance zum finalen Longline-Shot. Vielmehr überrascht er die Zuschauer, seinen Gegner und meist auch sich selbst mit unkonventionellem Spielverständnis, Unbekümmertheit und einer Prise Respektlosigkeit dem klassischen Ideal eines Ballwechsels gegenüber. Kommt der Klopper doch aus dem Tennis, hat er vermutlich – während seine Mannschaftskameraden bei den B- und A-Junioren nur von LK-Turnier zu LK-Turnier gereist sind – entdeckt, dass die jungen Tennis-Damen noch andere Reize außer ihrer Rückhand-Slice zu bieten haben. Und dass diese in der Regel auf durchtrainierte Jungs stehen. Was wiederum eine Anmeldung im örtlichen Fitnessstudio zur Folge hatte und den Klopper heute mit 180 Klamotten aufschlagen lässt. Eine Ausnahme sind diejeni-

** Richard Krajicek war in den 90er-Jahren ein niederländisches Aufschlag-Ass, das sich zu dem brisanten Zitat „80 Prozent der Top 100 im Frauentennis sind fette Schweine und gehören nicht auf die Center Courts!“ hinreißen ließ. Immerhin war der Wimbledon-Sieger von 1996 einsichtig und ruderte auf Kritik von Martina Navratilova zurück: „Ich habe ein wenig übertrieben. Eigentlich sind es nur 75 Prozent.“*

*** Das war der Mann, der die Mütze neu erfunden hat. Indem er sie einfach umgedreht hat. Und Davis-Cup-Gewinner war er auch.*

gen Klopper, die eher so aussehen, als kämen sie gerade von der Chorprobe und nicht von der Hantelbank, aber trotzdem mit ihren krachenden Schlägen die Ballwechsel kurzhalten. Erklärung: ein Wahnsinns-Armzug, der eine Wahnsinns-Beschleunigung ermöglicht und in einigen Jahren den behandelnden Orthopäden wahnsinnig reich machen wird.

Zu den natürlichen Vorlieben des Kloppers gehören knallharte, ungewässerte Plätze, die die Kugel noch schneller werden lassen. Noch besser ist natürlich ein Hartplatz. Nein, nicht diese gelenkschonenden und Defensivspieler verschonenden Greenset-Beläge – Beton! Wie damals im Griechenland-Urlaub. Und passend dazu Tretorn-Bälle. Die gab es in jenem Urlaub obendrein. Tretorn-XL im Sechser-Karton (!). Damit hätte selbst Anke Huber mit 200 servieren können.

Und wie gewinnt man gegen einen Klopper? Ganz einfach. Erstens: Ruhe bewahren. Und sich bloß nicht auf das blinde Gepöhle einlassen. Denn wenn man einem Klopper einen Aufschlag mit 200 km/h rüberschickt, kommt der Return mit 220 km/h zurück. Bam! Breakball. So schnell geht das. Besser das Spiel verschleppen. Langsam machen, auch zwischen den Ballwechseln. Ruhig mal 25 Mal tippen vor dem Aufschlag und die Shorts aus jeder erdenklichen Falte zurechtzupfen. Nadal lässt grüßen. Das erhöht ganz sicher die Chancen, dass der Klopper den Return verzieht und mit Wut und Wucht weit über das Clubhausdach donnert. Zweitens: variieren. Mal kurz, mal lang. Mal Topspin, mal Slice. Mal ans Netz, mal nicht. Der Klopper wird diese bunte Auswahl immer gleich hart beantworten. Aber dafür mal hart ins Netz, mal hart ins Aus, mal hart in die Wolken. Und plötzlich führst Du 3:0. Und drittens: hoffen. Gegen einen echten Klopper bleibt zu hoffen, dass dieser sich selbst aus dem Spiel schießt. In der Regel tut er das auch. Sollte er jedoch einen Lauf bekommen und sein Höhen- und Seitenruder eingestellt haben, kann alles sehr, sehr schnell gehen. Und plötzlich hast Du verloren. Gegen diesen Typen, der nicht mal eine vernünftige Rückhand ins Feld spielen kann.

VORBILDER

- Ivo Karlovic
- Mark-Kevin Goellner
- Dustin Brown (in der Variante technisch versiert, verspielt und mit begnadetem Talent ausgestattet)

VOR DEM SPIEL:

- 800 Gramm Hähnchenbrust,
- dazu einen Eimer Skyr
- und 0,5 Liter Whey-Protein-Shake

NACH DEM SPIEL:

ASTRA RAKETE

0,33L

MOTTO:

Lieber 19 Doppelfehler und ein Ass als 20 laffe Sicherheitsaufschläge

GRÖẞTER WUNSCH:

Bespannungs-Flatrate!!

KAPITEL 6

DER TECHNIKER

Beinarbeit, Ballgefühl und Bewegungen aus dem Bilderbuch: Mehr Technik gibt es nicht mal bei Saturn. Der Techniker kommt für Amateurspieler von einem ganz fernen Planeten.

Der Techniker ist der beste Spieler auf dem Platz. Denkt zumindest der Techniker. Für alle anderen ist er bloß ein Schönspieler. Ein Musterschüler, einer, der heute mit der gleichen Präzision seinen Kickaufschlag demonstriert, mit der er früher in der Schule mit seinem Federmäppchen einen Sichtschutz gebaut hat, damit niemand abgucken kann. Ein unangenehmer Streber eben. Und für die Zuschauer sind seine Auftritte Gratis-Lehrstunden. Griffhaltung, Treffpunkt, Schlägerkopf-Neigung und selbst der aufgebügelte Kragen seines Tennishemdes sind fehlerfrei. Jeder Schlag wie aus dem Lehrbuch. Nett anzusehen für eine Weile. Aber Spektakel ist was anderes. Wie der Tatort aus Köln. Warum nicht – wenn nichts anderes läuft. Dauerhafte Unterhaltung findet hier aber nur der Zuschauer mit Trainerschein.

Ein Match gegen den Techniker nervt schon beim Einschlagen. Wenn man nach wenigen Bällen das Gefühl hat, man würde gegen seinen Trainer spielen. Jeder Schlag kommt zurück, immer exakt an dieselbe Stelle. Super Länge, gleichmäßiger Spin, null Streuung. Vielleicht spielt man auch gerade gegen seinen Trainer, denn Tennistrainer fallen bei Punktspielen nicht selten in die Kategorie „Techniker". Und spätestens nach den ersten drei verlorenen Ballwechseln ist klar: Den Techniker schlägt man nicht mit salonfähigen Methoden. Hier muss man besonders unangenehme Werkzeuge aus dem Instrumentenkasten anwenden.

Als Techniker wird man nicht geboren. Es sei denn, man ist im iranischen Arak zur Welt gekommen, mit dem Ball verheiratet und heißt Mansour Bahrami. Alle anderen müssen üben, üben, üben. Und damit schon früh beginnen. Die meisten späteren Techniker fangen früh an. Die Eltern wissen rückblickend meist nicht mehr, ob ihr Kind zuerst den Schnuller oder den Tennisschläger genommen hat (und womit sie ihn zuerst ruhigstellen konnten). Die ersten Spielversuche mit dem noch viel zu großen Racket finden einfach auf der Wiese statt, auf der Terrasse vor dem Clubhaus oder gleich im Wohnzimmer. Das ist dem Kurzen letztlich egal. Der Hausratversicherung eher nicht.

Techniker trainieren ihre Kindheit durch. Und auch als Jugendliche sind sie täglich auf dem Platz. Sie zocken nicht bloß mit Gleichaltrigen, sie nehmen Trainerstunden. Tausende von Trainerstunden. Und vor allem bleiben sie wortwörtlich auch dann am Ball, wenn sich die Freunde langsam für andere Bälle interessieren. Oder in eine Mannschaftssportart abwandern. Oder erst in eine Mannschaftssportart abwandern und da dann die Vorzüge anderer Spielgeräte entdecken. Folglich gehen die adoleszenten Tennis-Techniker auch lieber ins Clubhaus als in den Club. Was nicht schlimm ist, denn sie haben sowieso null Temperament.

Der Techniker spielt einen sehr sauberen Ball. Technisch einwandfrei, fast fehlerfrei, auf jeden Fall grundsolide. Dafür fehlt das Spektakel. Überraschungsmomente, Power, Sexappeal, das gewisse Etwas? Fehlanzeige. Wäre der Techniker ein Auto, dann vermutlich ein VW Golf. Ein grundsolides, technisch hervorragendes Auto. Aber ob sich danach auf der Straße jemand umdreht?

Taktisch gleicht der Auftritt des Technikers einer Wiederholung von Dinner for one: Jeder weiß, was kommt. Sogar der Hauptdarsteller selbst kann sich nicht mehr überraschen. Die Menüfolge steht fest. Die immergleichen Ballwechsel laufen mit der gleichen Regelmäßigkeit ab, mit der Butler James alias Mr. Winterbottom alias Admiral von Schneider alias Sir Toby alias Mr. Pommeroy dank der herausragenden Getränkeversorgung seine Sprachkarte abgibt. Jeder Punkt wird langsam aufgebaut. Jeder Punkt wird gleich aufgebaut. Jeder Punkt wird stumpf abgearbeitet.

40:0. Weit nach außen auf die Rückhandseite des Gegners gezirkelter Kickaufschlag. Dieser bringt den Service – schon in arger Bedrängnis – mit einem etwas kurz und etwas hoch geratenen Slice zurück. Während mutigere, übermütige Spieler dieser Einladung mit einem Volley, einem Vorhand-Smash-Hybrid oder mindestens mit einer nach dem Auftippen durchknallenden Peitsche nachkommen würden, spielt der Techniker seinen zweiten Ball mit der Vorhand und solidem Topspin weit in die Vorhandhälfte. Das

Winkelspiel ist eröffnet. Der Gegenüber erreicht den Ball noch, wird aber mit seinem Schlag noch einen Meter kürzer. Sein Ball landet auf Höhe der T-Linie. So kurz, so ungefährlich, so kümmerlich, dass jetzt selbst Rafa Nadal endlich ans Netz aufrücken würde. Stefan Edberg verlässt verständnislos die Tribüne. Und der Techniker? Spielt stoisch seinen Stiefel runter und schickt seinen dauerlaufenden Gegner mit einer ansprechenden Topspin-Rückhand abermals in die andere Ecke. Auf dem Nebenplatz sind bereits zwei Seitenwechsel vollzogen worden, da läuft das Katz- und Mausspiel des Technikers immer noch. Links, rechts, links, rechts, Winkel, Winkel, Winkel. Und irgendwann erreicht der wutmäßig und laktatmäßig im roten Bereich drehende Gegner den Ball nur noch mit dem Rahmen und macht den Fehler. Oder er bricht schon vorher mit einem „Ach, komm ey …“ ab und schenkt den Punkt her.

Die Schläge des Technikers sind ein Gedicht. Die Vorhand überzeugt durch eine bilderbuchhafte Schleifenbewegung. Vielleicht trainingswissenschaftlich ein paar Jahrzehnte überholt – aber immer noch chic. Die Rückhand, meist einhändig zelebriert, erinnert stark an Michael Stich, bei dem selbst die schlägerferne Hand beim Loslassen noch wahnsinnig elegant wirkte. Der Aufschlag ist gut. Mittelhart, mittelstark angeschnitten oder überrissen, dafür immer von enormer Länge und immer unangenehm nah an die Linie. Einen Doppelfehler macht er nie. Im Gegenteil: Er könnte fünf seiner Balleimer, die er im Kofferraum als Trainer durch die Gegend fährt, ohne einen einzigen Fehler runterservieren. Auch Volley und Schmetterball beherrscht der Techniker aus dem Effeff. Zeigt er aber nie. Lieber noch zwanzig Mal das Links-rechts-Winkelspiel. Bis sich auch der allerletzte Zuschauer an den Tresen verabschiedet hat.

Natürlich nervt es ähnlich hart wie der grobprofilierte Schuhtritt in einen frischen, weichen Haufen, wenn einem der Techniker mit jedem Schlag vor Augen führt, wie man es eigentlich macht. Wenn man auf jeden eigenen Ball als Antwort die eigene technische Unzulänglichkeit vorgehalten bekommt. Aber den Gipfel der schlechten Laune erreicht das Match gegen den Techniker immer dann, wenn dieser auch noch anfängt, einem Tipps zu geben. Einem erklärt, was man falsch macht. Einem als Trockenübung vormacht, wieso der Ball wieder drei Meter ins Aus geflattert ist, nachdem man den Kickaufschlag mit zu offenem Schlägerkopf erwidert hat. Unnötig. Absolut unnötig dieser falsch verstandene Akt der Barmherzigkeit, der nur noch mehr Wut auslöst.

Und wie gewinnt man nun gegen den Techniker? Gar nicht. Es sei denn, man steigt tief in den Niveau-Keller hinab und tritt die Tennis-Etikette mit Füßen. Brad Gilbert und sein Meisterwerk „Winning ugly" lassen grüßen. Möglichkeit eins: Maximal unkonventionell spielen – und zwar schon beim Einspielen. Dem Techniker direkt die Lust am Spiel nehmen. Maximal destruktiv agieren. Keine Ballwechsel beim Einspielen zustande kommen lassen. Im Match auch mit der Vorhand den Slice bemühen, übertriebene Schnibbelbälle, die – wenn sie im Feld und nicht im Wald landen, vier Meter wegspringen – als Schlag der Wahl und nicht als Ausnahme verstehen. Und draufpflastern, was das Zeug hält. Vielleicht hat man ja diesen einen Tag erwischt, an dem alles läuft. Möglichkeit zwei: Das Publikum für sich instrumentalisieren. Jeden Punktgewinn übertrieben bejubeln. Auch die wenigen Fehler des Technikers. Besonders die wenigen Fehler des Technikers. Meistens machen alle zwei Zuschauer mit. Denn sie wissen aus eigener Erfahrung, wie unangenehm es ist, gegen den Techniker zu spielen und zu verlieren.

Am erfolgversprechendsten ist aber Möglichkeit drei: an den Rahmenbedingungen schrauben. Dafür einfach den Platz so schwer bespielbar wie möglich machen. Sprich: zu stark wässern oder staubtrocken lassen, Netzstangen verstecken (zumindest eine) und mit der Hacke ein paar tiefe Furchen in die Asche graben. Dazu vor dem Spiel das Leistungsniveau zu seinen eigenen Gunsten verschieben. Das ist einfach und kostet nur zehn Euro und vier schnelle Bier, zwei für jeden. Denn während 95 Prozent aller Amateurspieler in der Tennishölle mit einem klitzekleinen Pegel besser werden und ihre Streuung in den Griff bekommen, baut der Techniker dann rapide ab. Am Glas verliert er nämlich. Und die Partie im Anschluss dann auch. Prost.

Vorbilder

Tennis-Lehrplan des DTB
Band 1: „Technik & Taktik"

VOR DEM SPIEL:

CAESAR SALAD

kleine Portion

APFEL-SCHORLE 0,3L

NACH DEM SPIEL:

MOTTO

Natürlich kommt es auf die Länge an – und über die entscheidet beim Tennis nun mal die Technik

GRÖẞTER WUNSCH:

angemessenen Beifall für sein Lehrbuchtennis bekommen

KAPITEL 7

DER PROVOKATEUR

Aufschlag von unten, Returns von der T-Linie und laut die eigenen Breakbälle ansagen – der amateurgewordene Kyrgios treibt selbst die besonnensten Gegner spielend in die Red Zone.

Der Provokateur ist der beste Spieler auf dem Platz. Denkt zumindest der Provokateur. Für alle anderen ist er ein rotes Tuch auf der roten Asche. Ein Verbal-Flegel, der den Tennis-Knigge mit Füßen tritt, ein Mario Basler mit Racket statt Zichte in der Hand, einer, der den Gepflogenheiten des weißen Sports mit offener Hose begegnet. Kurzum: die Stradivari unter den Arschgeigen. Sein Auftritt ist in jeder Hinsicht eine einzige Provokation. Das führt zu großer Freude innerhalb des sensationsheischenden Zuschauermobs – und zu bisher ungekannten Stressspitzen des Gegenspielers, die die in der Telefon-Warteschleife der Deutschen Telekom üblichen noch überbieten.

Beim Einschlagen

Die provokativen Einschläge beginnen schon beim Einschlagen, jenem für gewöhnlich gemeinsam durchgeführten Ritual, das qua Regelwerk dem Warmmachen des Körpers, dem Einspielen des Schlagarms und dem Gefühl für den eigenen Touch dienen soll. Nicht so im Spiel gegen den Provokateur. Hier wird vom ersten Ballwechsel an aus dem Miteinander ein Gegeneinander. Seine Grundlinienschläge haben eine Streuung wie die zweiten Aufschläge der zweiten Mannschaft des TC Grün-Grün Elfringhausen, die Bälle kommen ungenau, zu kurz, zu lang und viel zu hart. Das gipfelt in dem Versuch, sich – wie sonst üblich – auch am Netz ein bisschen Ballgefühl abzuholen und ein paar Volleys und Überkopfbälle zu spielen. Doch mit dem – oder besser gesagt: gegen den – Provokateur entstehen bei drei vollen Durchgängen mit allen vier verfügbaren Bällen ein Vorhandvolley, zwei Rückhandvolleys und ein halber Smash. Dafür ist ein Ball jetzt im Wald und die Rumpfgegend nach zwei harten Körpertreffern warm.

Meist enden diese vermeintlichen Einspielszenen nach drei statt rund fünf Minuten mit der Frage: „Paar Aufschläge?!" „Jo." Oder aber mit dem bissigen Kommentar, dass man – wenn jetzt nicht mal drei, vier lange Bälle möglich seien – sich lieber allein an der Ballwand einschlagen geht.

DER AUFSCHLAG

Beim Aufschlag hat der Provokateur einige Pfeile im Köcher. Zuallererst kommt es hier sehr leicht schon durch die bloße Wahl der Aufschlagbewegung zu Spannungen. Was bei Karsten „Katze" Braasch in den Neunzigern (eingesprungene Service-Pirouette) zum Kult wurde und bei Steffi Graf (acht Meter hoher Ballwurf ohne jeden Sinn – um den Ball dann trotzdem auf 2,85 Meter zu treffen) neben dem giftigen Slice zum Markenzeichen, ist beim Provokateur einfach nur nervig. Die Bewegungsauswüchse kennen kaum Grenzen, und es ist manchmal schon erstaunlich, wie sich manch ein Service trotz offensichtlich motorischer Ausfallerscheinungen noch ins Feld lügt.

Noch vor dem Aufschlag steht übrigens das Tippen. Laden manche LK-25-Profis ihren zweiten Aufschlag schon voll durch, während der erste noch auf dem Weg ins Seitenaus ist, so nimmt sich der Provokateur jede Menge Zeit. Er tippt. Und tippt. Und tippt. Und überschreitet mit seinem Djokovic-artigen Dauergeprelle die Grenze des Erträglichen. Und wofür das alles? Nur, um dann in der Regel einen Doppelfehler zu präsentieren.

Besondere Bedeutung kommt dem Aufschlag von unten zu. Den hat der Provokateur ähnlich griffbereit in der Schublade wie Nick Kyrgios. Und dass ein Ass von unten – an richtig guten Tagen mit so viel Backspin, dass die Kirsche ins Netz zurücktänzelt – nicht gerade für Applaus vom Gegner sorgt, ist klar. Sollte der von Michael Chang im Achtelfinale der French Open 1989 gegen Ivan Lendl berühmt gemachte Aufschlag von unten nicht reichen, dann zimmert der Provokateur einfach nur noch drauf. Und schlägt den zweiten Aufschlag wie den ersten. Genauso riskant. Genauso hart. Und manchmal sogar von Erfolg gekrönt.

DER RETURN

Normalerweise schaut der Aufschläger kurz auf, bevor er serviert. Nicht nur um zu schauen, in welche Ecke er die Kugel peitschen will. Vielmehr vergewissert er sich auch kurz, dass der Gegner bereit ist. Genau das erwartet der Provokateur auch von seinem Gegenspieler. Oder er ignoriert es, wenn er seinen zweiten eine Sekunde nach dem verbaselten ersten Aufschlag hinterherschickt. Ganz anders aber, wenn er selbst der Returnspieler ist. Dann bedient er sich wieder zahlreicher Sperenzchen. Und muss nochmal kurz einen Ball wegnehmen. Oder einen rüberwerfen. Sich die Schuhe nachschnüren, am Shirt zupfen, am Kopf kratzen, den Schweiß wegwischen, die Sonne abwarten oder eine Pferdebremse vermöbeln – die Gründe sind verschieden, das Ziel immer dasselbe: die Konzentration des Aufschlägers zu stören.

Profi-Tipp für angehende Provokateure: Einfach mal direkt an der T-Linie zum Return aufstellen. Ihr werdet überrascht sein, wie viele Doppelfehler es dann hagelt. Flüche, böse Blicke und böse Worte inklusive. Hat selbst Roger schon beim ATP-Turnier in Cincinnati 2015 gnadenlos durchgezogen. Heißt seitdem SABR, „Sneak Attack By Roger". Hieß damals, zu den Zeiten seines damaligen Coaches Edberg (dem Schweiger von Västervik): Chip-and-charge.

BALLSPIELE

Da in den hiesigen Leistungsklassen Balljungen und Ballmädchen keine Berechtigung haben, müssen sich die Kontrahenten die Bälle selbst holen – und ihrem Gegenüber auch geben, sofern dieser Aufschlag hat. Was für die allermeisten normal und nicht mal einen Akt besonderer Höflichkeit darstellt, bietet dem Provokateur drei weitere Ansatzpunkte.

Punkt eins: Egal, wie viele Bälle der Provokateur in seinen Händen und Taschen schon hat – er fordert weitere von gegenüber. Ob er sie dann nutzt, ist eine andere Sache. Manchmal lässt er sie auch durchfliegen, schiebt sie ins Netz oder jagt sie sogar zurück auf die andere Seite.

Punkt zwei: Benötigt der Gegner einen Ball, bekommt er ihn. Wider Willen und vor allem auf Umwegen. Denn das Aufschlagmaterial schlägt der Provokateur seinem Gegner niemals so rüber, dass dieser es bequem aufnehmen könnte. Vielmehr steuert er dabei die Ecken, den Zaun oder das Netz an.

Punkt drei: Besonders frech ist folgender Psychotrick. Der Gegner hat bereits zwei, drei oder sogar vier Bälle und zeigt das auch an. Trotzdem donnert der Provokateur ihm einen weiteren rüber – mitten hinein in die Konzentrationsphase des Aufschlägers und mitten hinein in den Breakball.

Redebedarf

Spätestens jetzt herrscht Redebedarf. Der Provokateur hat eine weitere Grenze überschritten und wird jetzt auch vom schüchternsten Gegenüber vorsichtig angesprochen. Genau darauf hat er gewartet – und der Trashtalk nimmt seinen Lauf. Kosenamen von Katzen sind jetzt an der Tagesordnung. Ebenso unsaubere Tiraden und normalerweise eher vom Fußballplatz vertraute Pöbeleien. Aber der Tennis-Provokateur ist kein Kreisliga-Kicker und kein Asi. Er verhält sich nur asozial in den entscheidenden Spielsituationen. Und setzt den Trashtalk bewusst und manchmal auch gewinnbringend ein.

Die akustischen Provokationen müssen übrigens nicht mal ausformuliert sein. Oftmals reicht schon übertriebenes, irgendwo zwischen Monica Seles und Thomas Muster angesiedeltes Stöhnen, um den Spielfluss und die Konzentration des Gegners zu durchbrechen. Auch lautes Zählen kann diesem Zweck dienen. Natürlich nur dann, wenn er selbst den Punkt gemacht hat. Welcher Gegner freut sich schließlich nicht über überbetonte Ansagen wie „0:40, drei Breakbälle für mich – zweiter Aufschlag!"?

Einen konstant hohen Streit- und Unterhaltungswert verspricht die immer wieder mal über die Anlage hallende Frage: „Darf ich mal den Abdruck sehen?" Der Provokateur stellt sie gerne und ist meist schon vor seiner Frage auf der anderen Netzseite. Umgekehrt lehnt er den Besuch seines Gegners auch schon mal ab und verweigert ihm den Kontrollbesuch. Oder aber er willigt ein und hat schon im

Vorbeigehen einen „alternativen“ Abdruck mit seinem Griff in die Asche gebohrt.

VOLLTREFFER

Der Provokateur kommentiert alles und jeden. Sich, seinen Gegner, das Wetter, die Zuschauer, das Material, einfach alles. Jedoch bleibt es nicht immer bei Verbaltreffern. Manchmal reißen die Synapsen im übellaunigen Gehirn des Provokateurs schneller als die Saiten. Dann pflastert er nur noch voll drauf. Jeder Schuss ein Treffer. Zaun, Linie, Wald – alles dabei. Auch der Gegner, der sich in dieser Spielsituation besonders am Netz gerne mal einen Körpertreffer abholt. Besonders dann, wenn der Provokateur schlecht gelaunt ist.

DER TENNISZIRKUS

Ist er jedoch guter Laune, könnte er Eintritt nehmen. Meint man mit „Tenniszirkus“ in der Szene meist den Tross der Profispieler, der sich gemeinsam durch den Turnierkalender bewegt, ist hier die kleine Privataufführung des Provokateurs gemeint.

Der Provokateur verfügt über ein ganzes Besteck an Kirmesnummern. Da ist zum Beispiel der Stopp. Der Stopp ist an sich ein legitimes Stilmittel im Tennisspiel. Ein respektierter, mitunter von höflichem Beifall und anerkennendem Nicken seitens des Gegners und der Zuschauer begleiteter Schlag. Beim Provokateur jedoch kommt der Stopp inflationär zum Einsatz. Phasenweise spielt er jeden Return und jeden sonstigen Schlag – völlig egal, in welcher Situation er sich befindet – als Stopp. Das geht nicht immer gut – treibt den Gegner aber zuverlässig in die Red Zone.

Ähnlich provokant ist der Einsatz von Schnibbel-Einlagen. Bälle, die ohne jeden inhaltlichen Zusammenhang einfach mit unangemessen übertriebenem Spin über das Netz geschnitten werden. Und die dann in absurder Weise in alle möglichen Himmelsrichtungen springen, manchmal sogar zurück auf die eigene Seite. Da kommt Freude auf – zumindest bei einem.

Besonders beliebt bei den Zuschauern – und besonders weit vorne im Kirmes-Regal des Provokateurs – sind Volleys durch die Beine und hinter dem Rücken gespielt. Beide sind technisch gesehen nicht sehr schwierig – und beide übersteigen natürlich trotzdem das durchschnittliche Techniklevel des Amateurspielers. Eignen sich aber auf jeden Fall hervorragend für einen kurzen Spannungsbogen im Match und in der Contenance des Gegners.

DER TWEENER

Der König unter den Mätzchen ist nach wie vor der Tweener, jener schon von Stefan Edberg und John McEnroe beherrschte Schlag durch die Beine, nachdem man den Lob des Gegners erlaufen hat. Dieser von heutigen Tennis-Zauberern wie Dustin Brown perfektionierte Schlag ist mit etwas Training durchaus erlernbar. Kostet Zeit, Schienbeine und mitunter auch die Familienplanung.

Gehört aber für jeden echten Provokateur zum guten Ton.

VORBILDER
NICK KYRGIOS
NICK KYRGIOS
NICK KYRGIOS
VOR DEM SPIEL:
-HAMBURGER ROYAL TS 1X
ALS MENÜ
-CHICKEN MC NUGGETS 1X
20ER-BOX
NACH DEM SPIEL:
WODKA
Brause
Vodka-Ahoi-Brause
Motto
Vielleicht kann ich nicht gegen Dich gewinnen – aber ich kann Dich schlagen!
GRÖßTER WUNSCH
TRAINERSTUNDE
by Mansour Bahrami

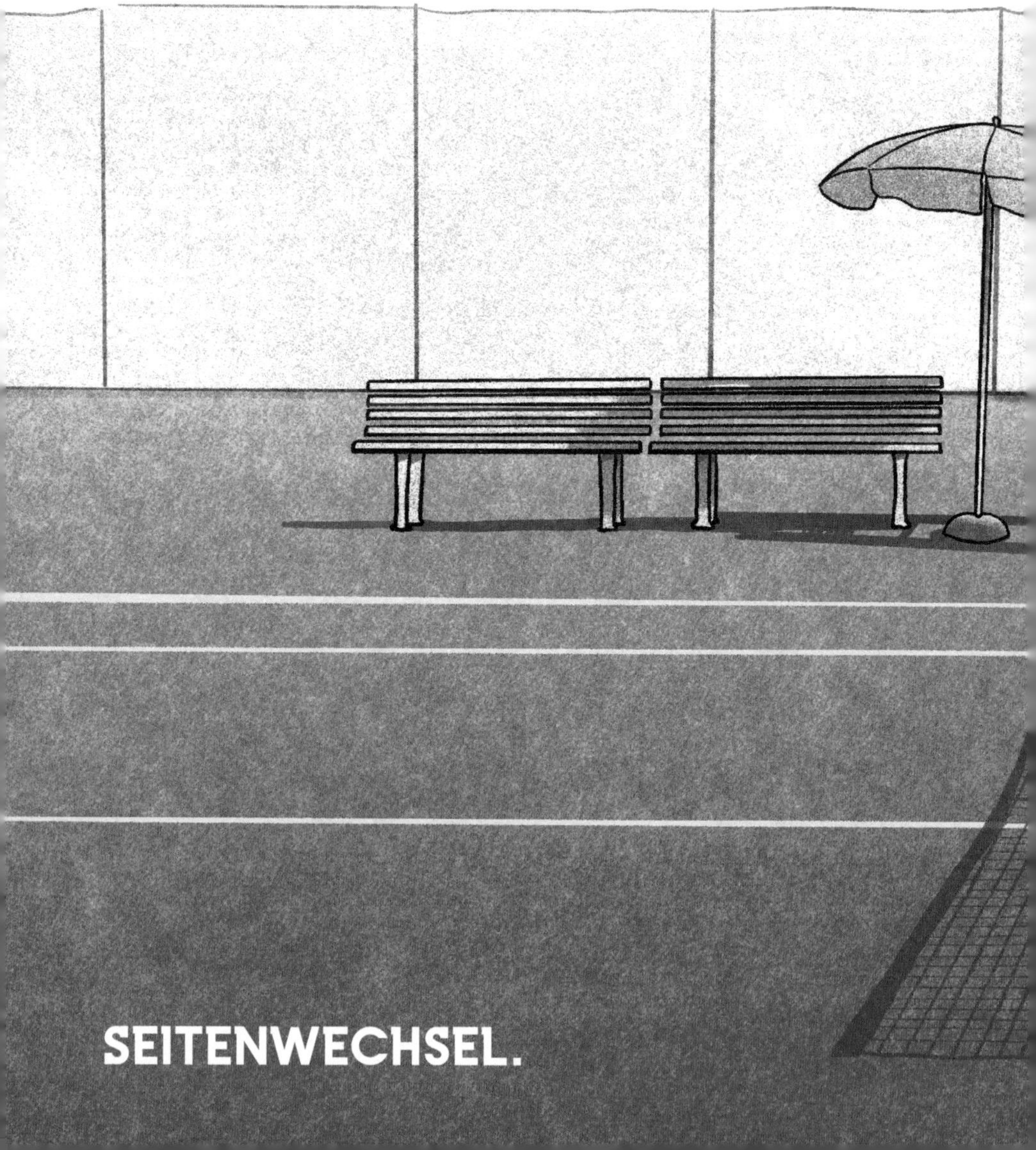
SEITENWECHSEL.

KAPITEL 8

DIE BALLWAND

Die Ballwand hat seit 20 Jahren keinen Fehler gemacht. Das gilt für die aus Beton hinter dem Clubhaus genauso wie für die menschgewordene auf dem Platz.

Die Ballwand ist der beste Spieler auf dem Platz. Denkt zumindest die Ballwand. Für alle anderen ist sie eine einzige Geduldsprobe in Matchlänge. Ein schlanker, asketischer, mitunter hagerer Spieler, der mit seiner Art zu spielen nie über den Einschlag-Modus hinauskommt. Sein Vorbild: die Ballwand aus Beton, die stumpf jeden Ball zurückspielt, die jeden noch so wilden Schlag sachlich erwidert und bezogen auf den Spielwitz eine spektakuläre Langeweile an den Tag legt.

DIE BALLWAND, GEGENSTAND

„Wo ist denn Leon?“, fragt die mittelalte Mutter eines mittelalten Sohnes mittelmäßig besorgt in ihre Damen-Doppel-Prosecco-Runde, die gerade mehrheitlich darüber gackert, ob denn der junge Tennistrainer hinten auf Platz vier wohl gleich endlich den Pullover ablegt. So muss sich Frau Mama mit einem kurz-knappen „Ja, wo soll er schon sein?!“ begnügen. Reicht aber auch, denn wo soll er schon sein? An der Ballwand natürlich, da, wo ihn die Eltern seit drei Jahren in einer Win-win-Situation parken.

Für Eltern und Kinder ist die Ballwand ein Segen. Man findet sie auf fast jeder Tennisanlage. Mal als moderne, mit Kunststoff überzogene und chic angemalte Wand mit Asche davor und praktischem Zaun rings rum. Mal als einfache Betonmauer mit schief aufgemaltem Netz und vom Frost der vergangenen Jahre gezeichneten Asphalt davor. Und da, wo es nicht mal für die Betonmauer gereicht hat, wird auf die Rückwand des Clubhauses eingedroschen. Für Kinder, die kaum ihren Schläger tragen können, ist die Ballwand ein Spielzeug der Extraklasse. Sie hat immer Zeit, immer Lust, ist unkaputtbar und möchte niemals aufhören. Für die Eltern ist die Ballwand ebenfalls ein Spielzeug der Extraklasse. Sie hat immer Zeit, immer Lust, ist unkaputtbar und möchte niemals aufhören.

Die kleinen Zverevs und Kerbers lernen hier nicht nur spielend das Einmaleins der Hand-Auge-Koordination inklusive Winkelspiel, Spin-Effekten und Tempodosierung, nein. Sie spielen hier auch ihre ersten, teils epischen Matches. Ahmen ihre Idole nach, probieren sich aus, powern sich aus und haben einfach eine gute Zeit. Und genau die haben die Eltern parallel auch. Mit dem wohligen Gefühl, ihre Kiddies in einem geschützten Raum zu wissen. Schlag für Schlag dem Traum von einem späteren Wimbledon-Sieger ein bisschen näher zu kommen. Darauf ein Sektchen. Schön, wie viel Spaß der Kleine hat!

Es gibt übrigens auch Erwachsene, die an der Ballwand spielen. Manche sogar, die das ernsthaft betreiben, um ihre Technik zu verbessern. Das ist doppelt traurig. Denn jenen einsamen Ballwand-Sportlern fehlt offenbar nicht nur ein Spielpartner. Bei ihnen scheint auch der Tassenschrank nicht mehr komplett zu sein.

DIE BALLWAND, GEGENSPIELER

So schön die Ballwand hinter dem Clubhaus ist, so unschön ist die menschgewordene Ballwand auf dem Court. In jedem Verein gibt es eine, auch Gummiwand, Bringer, Mondballspieler oder Thomas Muster genannt. Furchtbar. Meistens ist der Spieler-Typ Ballwand auch nur ein ganz normaler Mensch. Nett, sympathisch, durchaus annehmbar als Gegenüber später am Tresen. Aber als Gegner? So unnötig, wie sich in Profi-Manier fünf Bälle für den Aufschlag geben zu lassen. Nur, um dann drei wieder auszusortieren und mit den anderen beiden einen Doppelfehler zu zeigen. Wer sich mangels Vorbereitung einer stimmigen Ausrede oder aus masochistischen Motiven auf eine Partie mit der Vereins-Ballwand einlässt, erlebt 60 Minuten echte Gefühle. Wut, Zorn und am Ende die Frage, ob man den Tennisschläger nicht einfach am Netzpfosten zertrümmern und nie wieder anpacken sollte.

Die Ballwand hat keine besonders gute Technik und keinen besonders guten Schlag. Genau genommen ist das einzig Besondere diese eklige Sicherheit. Dieser Alles-zurück-Bringer leistet sich keine unforced errors. Er leistet sich nicht mal forced errors. Für ihn ist kein Stop kurz genug, kein Lob hoch genug, kein Inside-out präzise genug und kein Smash hart genug. Er erläuft jeden Ball und bringt jeden Ball zurück. Jeden. Das führt ziemlich schnell zu dem typischen Spielverlauf: Je mehr die Ballwand zurückspielt, desto mehr kleistert der bemitleidenswerte Gegner drauf. Immer fester, immer riskanter, immer wütender.

Harter Aufschlag von der Vorhand-Seite. Gerade durch die Mitte auf die Rückhand des Bringers. Dieser bringt den Service mit einer einhändigen Rückhand zurück, bei der man nicht weiß, ob das jetzt Topspin oder Slice sein soll. Sie landet irgendwo an der T-Linie, viel zu kurz. Der schon mächtig genervte Aufschläger wütet aufrückend eine donnernde Vorhand hinterher, lang und mit Spin in die Rückhandecke. Reicht nicht. Der Bringer erläuft den Angriffsschlag und bringt ihn zurück mit einem auspfeifwürdigen Mondball. Der Aufschläger, der mittlerweile schon zu verunsichert für einen mittelschwierigen Schmetterball ist, entscheidet sich für einen späten Vorhandvolley. Als Stop gespielt, der kurz hinter dem Netz sanft auf der Vorhandseite landet. Bei jedem anderen Gegner könnte man jetzt abdrehen, abschalten und den Punkt für sich verbuchen. Doch der Bringer ist schon wieder unterwegs und erläuft auch diesen Ball nach seinem Diagonalsprint noch – und bringt ihn soeben noch übers Netz. Der aufschlagende Wüterich antwortet sofort mit einem Lob. Als der Bringer auch diesen noch irgendwie erläuft und den dritten Mondball in Folge präsentiert, schlägt nicht nur das Absurdometer aus. Auch der maximal gereizte Aufschläger verliert die Nerven und dann den Punkt, indem er den vermeintlich leichten Überkopfball ins Aus schlägt. Weit ins Aus. Mit Zaunberührung.

So oder so ähnlich enden die meisten Ballwechsel im Spiel gegen die Ballwand. Optimal vorbereitet, taktisch gut, auch inhaltlich druckvoll, präzise und überzeugend vorgetragen. Und trotzdem erfolglos, denn am Ende verliert man die Geduld, die Nerven, den Punkt. Die Ballwand zeigt einen atemberaubend unattraktiven Spielstil. Leider wird diese Beinahe-Spielverweigerung sehr regelmäßig durch Punkt-, Spiel- und Matchgewinne belohnt. Deswegen versammeln sich am Platz der vereinseigenen Ballwand bei Medenspielen auch besonders viele Schaulustige. Denn so unterirdisch und belastend dieses Geschiebe auch ist – als Mannschaftskollege ist es natürlich ein Fest, seiner Ballwand beim Sieg gegen den vier Klassen stärker spielenden und am Ende von Wut und Selbstzweifeln zerfressenen Gegner zuzusehen. Kaltes Bierchen und ein bisschen Sonne dazu – viel mehr geht nicht.

Und wie gewinnt man gegen eine Ballwand? Normalerweise gar nicht. Zwei kleine Möglichkeiten gibt es. Für die erste braucht man einen unglaublich guten Tag, jede Menge Glück und die mentale Stärke, den schmalen Grat zwischen kanalisierter, positiver Wut auf den Mondballspieler und negativer Aggression mit den damit verbundenen Fehlern zu erkennen. Denn natürlich gibt es Schläge, die auch die Ballwand nicht mehr erreichen kann. Doch über Winner oder Vorhand-Peitsche auf den Nachbarplatz entscheidet manchmal nur ein Zentimeter Schlägerrahmen.

Möglichkeit zwei ist, den Spieß umzudrehen. Einfach mal selbst das Spiel verweigern. Nur noch hoch und belanglos reinspielen, alles mit Halbgas ins Niemandsland zurückhubern. Wer das lange genug durchhält, verleitet die Ballwand irgendwann selbst, einen normalharten Schlag zu versuchen. Der dann im Netz landet.

Aber wer hält das schon lange genug durch?

VORBILDER

- Björn Borg
- Thomas Muster
- der frühe Rafa Nadal
- Beton-Ballwand auf der Clubhausrückseite des Post-SV Velbert

VOR DEM SPIEL:

eine halbe Scheibe Graubrot mit Rübenkraut, dazu ein halbes Glas Wasser, medium

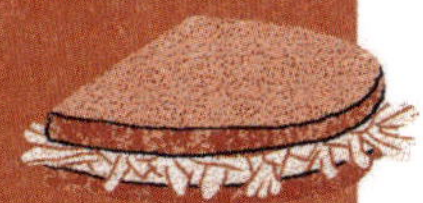

NACH DEM SPIEL:

die andere Hälfte Graubrot mit Rübenkraut, kleines Radler

MOTTO

safety first

GRÖẞTER WUNSCH:

Einmal Anerkennung für sein „Spiel" bekommen

KAPITEL 9

DER NETZROLLER

Der vielleicht schönste aller Punkte wird durch maximal-heuchlerische Entschuldigungen immer wieder ins falsche Licht gerückt. Eine Liebeserklärung an den Ball, der erst im letzten Moment entscheidet, ob er die Liebe erwidert.

Verwegene vier Stunden und 42 Minuten duellieren sich die frühere Werbefigur für die Sägespanindustrie, Ivan Lendl, und die langjährige TV-Ehefrau von Eurosport-Stimme Matthias Stach, Boris Becker, schon im New Yorker Madison Square Garden. Die ersten vier Sätze sind aus Sicht des roten Barons mit 5:7, 7:6, 3:6 und 6:2 ein Wechselbad aus Beckerfäusten und Tiefschlägen gewesen. Im entscheidenden fünften Satz des Masters 1988 führt Becker im Tiebreak mit 6:5 bei eigenem Aufschlag. Den ersten setzt er – obwohl das Match auf Teppich stattfindet – komplett in den Sand. Über den zweiten entwickelt sich dann aber der beste Ballwechsel des gesamten Spiels. Keine der zwei Legenden wagt sich ans Netz. Der situative Vorteil wechselt hin und her, schließlich committen sich beide auf ein nicht enden wollendes Rückhand-Slice-Duell. Erst mit dem 37. Schlag fällt die Entscheidung – und der Ball nach einem kurzen Stopp auf der Netzkante auf die Seite Lendls. Spiel, Satz und Sieg: Becker.

Der Netzroller beim Matchball Beckers bescherte dem Leimener seinen ersten von drei Masters-Erfolgen. „Ivan, der Schreckliche“, wie Lendl wegen seiner Verbissenheit auf der Tour genannt wurde, konnte es nicht fassen und gab nach seiner bitteren Niederlage zu Protokoll: „Wenn man das nicht unglücklich nennt, dann kann man nichts unglücklich nennen. Was kann man tun? Es ist herzzerreißend, aber Du kannst dagegen nichts machen.“

Der Netzroller ist das Schönste und das Scheußlichste im Tennis. Des einen Freud ist des anderen Leid. Vermutlich wurde die Redewendung für genau diese Tennismomente formuliert. Der Ball tanzt und torkelt so unvorhersehbar über die Kante, wie sich sonst nur die Hobbyspieler spät abends nach der dritten Marille durchs Clubhaus bewegen. Für welche Seite, für welchen Spieler, für welchen Spielausgang er sich entscheidet? Bis zuletzt ungewiss.

ELEMENTARE CHARAKTERPRÜFUNG

Der Netzroller ist die Charakterprüfung für jeden Tennisspieler. Denn bei keinem anderen Schlag ist so viel Glück und Unglück dabei. Für den Glücklichen fühlt sich der Punktgewinn irgendwie falsch an. Als hätte man was Verbotenes getan. Gut, ja – aber irgendwie auch falsch. Ein bisschen so, wie nach dem Einkauf am Kofferraum, wenn man merkt, was die Kassiererin nicht gemerkt hat: dass da ein nicht berechneter Kasten unten im Einkaufswagen steht und einen mit seinen 20 Flaschenhälsen freudig anstrahlt.

Jetzt hat sich im Tennis-Knigge die Gepflogenheit entwickelt und weitgehend etabliert, dass sich der Nutznießer eines Netzrollers bei seinem Gegner entschuldigt. Das Problem: Es gibt keine vergleichbare Situation, in der der Mund („Entschuldigung!") soweit vom Kopf („Yes! Come on!") entfernt ist, wie hier. Mehr Heuchelei geht nicht mal mit einem E-SUV beim Bio-Supermarkt. Alles in einem schreit: „Ja! Ja, ja, ja! Was ein geiler Punkt. Ich habe den Punkt sowas von verdient und ich würde es sofort wieder tun – wenn ich technisch in der Lage wäre, Netzroller bewusst zu spielen." Aber auf der anderen Seite des Netzes kommt lediglich ein von Rehaugen oder Dackelblick begleitetes „Sorry" an. Und die obligatorisch gehobene Hand als Geste der Entschuldigung. Wie falsch. Wie schäbig. – Wie schön.

Im Übrigen weiß der Gegner ja, dass die Entschuldigung nicht ernst gemeint ist. Sie war es nie, ist es nicht und wird es auch nie sein. Er hätte es ja selbst nicht anders gemacht. Wie erfrischend könnte es in diesem Zwei-Personen-Krieg Tennis sein, wenn in diesem größten Moment des Zufalls die Schadenfreude echter Freude weichen würde. Statt eines „Sorry" einfach mal „Geiler Ball – kannst Du den auch so platzieren?" als Reaktion ausprobieren.

Niemand kann auf Kommando Netzroller spielen. Nicht mal Mansour Bahrami oder Dustin Brown können die Filzkugel derart streicheln, dass sie sich bei ihrem Tanz auf der Netzkante führen lassen würde wie eine 18-Jährige beim Abiball. Es ist und bleibt Glück – oder eben Pech.

TYPFRAGE

Unabhängig von Glück und Pech lassen sich Netzroller typisieren. Der schöne und verdiente Netzroller gelingt meist dem Außenseiter. Dem Underdog, der nach aufopferungsvollem Kampf gegen die Brille bei 0:6, 0:5 seinen ersten und einzigen Spielball verwandelt, weil sein Notschlag von der Netzkante unerreichbar zu Boden sinkt.

Der hässliche und unverdiente Netzroller dagegen gelingt dem Spieler, dem sowieso schon alles gelingt. Der ihn nicht nötig hätte, der haushoch überlegen ist und haushoch führt – und dann den für einen Moment Paroli bietenden Gegner mittels Netzkante passiert.

Eine besonders lästige Version des Netzrollers ist international als „Let" bekannt. Der Netzroller beim Aufschlag. Nervt ungemein, schließlich bringt er nichts. Gar nichts. Zählt nicht und muss wiederholt werden. Unverhältnismäßig häufig wiederholt sich bei der Wiederholung des Aufschlags auch der Netzroller. Beim zweiten, dritten oder vierten Mal lachen dann alle. „Beim nächsten Mal gibst Du aber einen aus!"

In der B-Note wird der Netzroller neben Spin und Schlagkraft von der Netzspannung mitbestimmt. Besonders auf Amateuranlagen ist beim Thema Netz alles möglich: von schlaff wie ein zweiter Aufschlag Anna Kournikovas bis hart wie ein Ivanišević-Ass. Dementsprechend taumelt der Ball dann direkt runter und bleibt liegen. Oder er donnert gegen die Kante und fliegt dann wahlweise vier Meter ins Aus oder frontal in den Netzspieler.

Wie auch immer der Ball sich am Netz entscheidet und was für Überraschungen er noch parat hat – der Netzroller wird immer wieder zu Diskussionen führen. Schon der philosophische Aufklärer Immanuel Netzkant widmete dieser Tennis-Chimäre aus Gut und Böse ein Gedicht, das jedoch jetzt erst posthum aufgetaucht ist:

NETZROLLER

Geht er rüber oder nicht
Will er mich ärgern oder nicht
Man weiß es nicht
Werd ich mich ärgern oder nicht
Werd ich gar ausrasten oder nicht
Man weiß es nicht
Werd ich mich entschuldigen oder nicht
Wird er sich entschuldigen oder nicht
Man weiß es nicht
Ist er mein Freund oder nicht
Ist er mein Feind oder nicht
Man weiß es nicht
Ist es nur ein Flirt oder nicht
Ist es Liebe oder nicht
Ich weiß es nicht

KAPITEL 10

DER PLATZWART

Der Platzwart rangiert in der vereinsinternen Machtrangliste noch über dem Präsidenten. Er entscheidet, wann gespielt wird. Er entscheidet, ob gespielt wird. Damit ist er das tennisspezifische Äquivalent zur allseits beliebten Politesse: viel Macht, wenig Verhandlungsspielraum.

Golfer haben ihren Greenkeeper, Curling-Freaks ihren Besenschieber und Tennisspieler entsprechend ihren Platzwart. Ohne den richtigen Untergrund geht nämlich nichts im Sport. Die Skipiste muss präpariert, der heilige Rasen gemäht und selbst – kleiner Exkurs zu Baustellenlegende Ronny – der Kranplatz muss verdichtet sein. Für die rote Asche heißt das: Es braucht eine vernünftige Drainage, die richtige Menge (verdichtete) Asche und präzise eingearbeitete Linien. Dazu noch ein Netz, bestenfalls eins, das in der Mitte 91,4 Zentimeter hoch ist. Und zwar ohne, dass man es nach jedem Schlag in die Maschen wieder neu unten einhaken muss. Komplettiert wird das Setup durch die üblichen Platzpflegeaccessoires wie Abziehschleppnetz, Linienbesen und Wasserschlauch.

In der Stellenbeschreibung eines südwestdeutschen Clubs heißt es, der neue Platzwart müsse „folgende Aufgaben zuverlässig und selbständig erledigen können“:

- → Schafft notwendige Geräte und Material an
- → Hilft bei der Frühjahrsüberholung und macht die Tennisplätze winterfest
- → Sorgt bei Hitze und Trockenheit für die Bewässerung
- → Sorgt nach Regen für die Trockenlegung der Plätze
- → Entfernt Laub, Moos und Grünspan
- → Säubert die Bänke und Schiedsrichterstühle auf dem Platz
- → Organisiert eventuelle Arbeitseinsätze der Vereinsmitglieder
- → Führt seinen Arbeitsstundennachweis
- → Hat die Kontrolle über die Einhaltung der Platzordnung
- → Hält die Grünflächen in Ordnung: Rasenmähen, Sträucher schneiden etc.
- → Entscheidet über die Bespielbarkeit der Plätze

Der letzte Punkt ist regelmäßig der Politessenmoment des Platzwarts. Ein echter Tennisspieler hat sich mit seiner Wetter-App synchronisiert. Scheint die Sonne, ist er auf dem Platz. Und regnet es, wartet er darauf, dass wieder die Sonne scheint. Problem eins: Die deutschen Tennisplätze liegen für einen durchgehenden Betrieb ein paar Breitengrade zu weit oben. Problem zwei: Nach jedem Regen, wenn die Wolken wieder auseinandergehen, gehen auch die Meinungen bezüglich der Wiederbespielbarkeit der Plätze stark auseinander. Und während die Spieler am liebsten sofort wieder loslegen und etwaige Aquaplaning-Momente beim Anrutschen der Bälle in Kauf nehmen würden, blockiert der Platzwart in ruppiger Blockwart-Manier die Plätze. Zusätzlich zu den angerosteten „Plätze gesperrt"-Blechen an jedem Zaun lassen die Argusaugen des Platzwarts selbst, der seine Entscheidung immer auch überwacht und durchsetzt, keine anderslautende Interpretation zu. Es geht dem Platzwart auch nicht um den Platz, er möchte einfach zeigen, dass er hier die letzte Instanz ist. Die Asche kann sogar nach einem kurzen Sommerschauer schon wieder stauben, trotzdem kommt immer erstmal: „Die Plätze sind gesperrt. Ihr müsst warten!"

WER MACHT DEN JOB?

Die Zielgruppe potenzieller neuer Platzwarte umfasst zu Beginn der Suche jedes Vereinsmitglied. Denn da sich diese Aufgabe natürlich niemand ans Bein binden möchte, kommt zunächst jeder in Frage. Besonders qualifiziert sind Rentner, Privatiers, Lehrer und sonstige Work-Life-Profis, die die Zeit abonniert haben. Etwas handwerkliches Geschick und nachweisbare Praktika in Rasenmähen und Unkrautjäten sind auch gern gesehen. Und nach 20 Absagen findet sich der eine, der sich in die neue Aufgabe reinquasseln lässt. Ihm winken ab sofort: viel Arbeit, viel (punktuelle) Macht, die Platin-Mitgliedschaft beim Orthopäden, eine leichte Dauer-Fahne und Sonnenbrand von Mai bis September.

Mit dem neuen Platzwart sollte man sich gutstellen. Nach anfänglichem Fremdeln werden die von ihm verantworteten Plätze spätestens nach der ersten Saison zu seinem persönlichen Heiligtum. Wer jetzt mit zu grobem Profil die Asche betritt, nicht ausreichend wässert oder gar eine durchs Schlindern aufgemachte Furche nicht unmittelbar wieder verschließt und mindestens durch etwas Antreten guten Willen zeigt, kassiert einen Anschiss in Extralarge. Denn der Platzwart ist nicht der Seismograph – er ist das Beben. Im Ruhrgebiet klingt das dann so: „Hömma! Samma! Wat has Du denn fürn Panorama an Dir vorbeiziehen? Getz sieh zu, datte die Krater da wieder zumachs. Aber zackich!“ Übrigens wird der Platzwart mit der Zeit immer militanter. So wie Nichtraucher. Nur ohne das Rauchen aufzuhören.

WER HILFT DEM, DER DEN JOB MACHT?

Die allermeisten Tennisvereine können sich keinen hauptberuflichen Platzwart leisten. Den Job macht einer aus den eigenen Reihen. Ohne Bezahlung. Für Ruhm und Ehre. Nur ohne Ruhm und Ehre. Und weil dieser natürlich nicht mal eben die ganze Anlage und alle Plätze alleine herstellen und instand halten kann, muss auch der Rest in die Bresche springen. Oft läuft das über sogenannte Arbeitsstunden, die jedes Vereinsmitglied im Laufe der Saison leisten muss. Das können punktuelle Arbeiten sein wie mal kurz den Rasen zu mähen nach dem eigenen Match. Oder auch größere Aktionen wie Baumschnitt, Großreinemachen und die allseits beliebten „Großkampftage“ zu Saisonbeginn und Saisonende. Bei der Frühjahrsaktion zum Beispiel rückt die in der Nachbarschaft geklaute und zweckentfremdete Streusalztonne, die auf jeder Anlage zu finden ist, in den Fokus. In ihr lagert das rote Gold. Schippenweise frische Asche tragen des Platzwarts Adjutanten auf die Plätze auf. Alles unter seiner Regie natürlich. Nicht zu viel, nicht zu wenig. Zwischendurch walzen. Und, ganz wichtig, Bierchen nicht vergessen. Soll ja auch Spaß machen die ganze Arbeit.

WER BEKOMMT ÄRGER VON DEM, DER DEN JOB MACHT?

Übrigens sind die Arbeitsstunden, die die Mitglieder Jahr für Jahr in den Erhalt ihrer Plätze investieren, nicht das Einzige, was sie zu tun haben und was der Platzwart kontrolliert. Denn die Plätze fordern nach jedem Match Aufmerksamkeit ein. Und im Einmaleins der Platzpflege scheiden sich durchaus die Geister.

Wird vor dem Spiel gewässert? „Ja klar!“, wird der dem langsamen Tennis zugeneigte Spieler sagen. „Bloß nicht!“, wird der Anhänger von Serve-and-volley und epischen Sandplatzschlachten inklusive

Djokovic-Reinrutschen-in-die-Bälle erwidern. Fernsteuerbare Bewässerungsanlage oder guter alter Schlauch? Egal, der Spaßfaktor ist bei beiden durchaus hoch. Während die automatisierte Variante immer wieder mal für einen ungewollten Schauer und Wet-T-Shirt-Situationen sorgt, bieten die manuell zu bedienenden Schläuche die Möglichkeit, den Gegenüber nicht nur spielerisch nass zu machen.

Nächster Punkt: Linie. Die Linie spielt nicht nur später im Clubhaus eine entscheidende Rolle. Sie ist auch die zu pflegende Begrenzung des Spielfelds. Früher waren Roller die Regel. Heute stehen meist Besen parat. Ob man im Normalbetrieb die Linien überhaupt so akribisch säubern muss, ist eine andere Frage. Schließlich landen die allermeisten Bälle eh im Netz oder so weit im Aus, dass die Linie eher als grober Anhaltspunkt dient, von wo aus man sein Standspiel bestreiten möchte.

Ganz wichtig und fester Bestandteil jeder Tennis-After-hour ist das Abziehen. Ob dafür ein überdimensionierter und quer wir ein Pflug hinterhergezogener Besen oder das klassische Schleppnetz zum Einsatz kommt, spielt hier eine untergeordnete Rolle. Wichtig aber: das Abziehmuster. Fest vorgeschrieben auf manchen Anlagen. Muss der Spieler mit dem Netz Reihen gehen und sich serpentinenartig wie ein Skibus vom Zaun bis ans Netz vorarbeiten? Oder ist die nicht weniger verbreitete „Schnecke“, bei der, außen angefangen, in immer kleiner werdenden Kreisen das Feld abgearbeitet wird, bis der finale Abzieh-Moment auf T-Feld-Höhe das Prozedere beendet, gewünscht? Wie auch immer hier der persönliche Geschmack ist – man sollte sich stets an die Vorgabe halten. Denn wer beim Abziehen einen Fehler macht, der bekommt umgehend die Quittung vom wie aus dem Nichts auftauchenden Platzwart. „Hömma! In Deinem Kopf weht aber auch ein ganz starker Wind, oder? Jetzt nimmse dat Netz nochma und ziehst den Platz vernünftig ab!“

So schwingt immer dann, wenn auf der Anlage der Platzwart auftaucht, ein bisschen Angst mit. Doch weil der Platzwart sich maßgeblich um die Plätze, um die infrastrukturelle Grundlage des geliebten Tennissports, kümmert, sollte man trotz des ein oder anderen Rüffels stets dankbar sein, dass es ihn gibt.

Für die Politesse gilt das nicht.

KAPITEL 11

DIE PADEL-AFFÄRE

Padel-Tennis ist aktuell neben „Vape“ (erhitzt) und „Wetten, dass..?“ (aufgewärmt) der heiße Scheiß. Der Mega-Hype in der Sportszene. Und für Tennisspieler total einfach. Sagt zumindest jeder Tennisspieler. Bis er dann seine erste Erfahrung auf dem Court gemacht hat, mit seiner neuen Hassliebe.

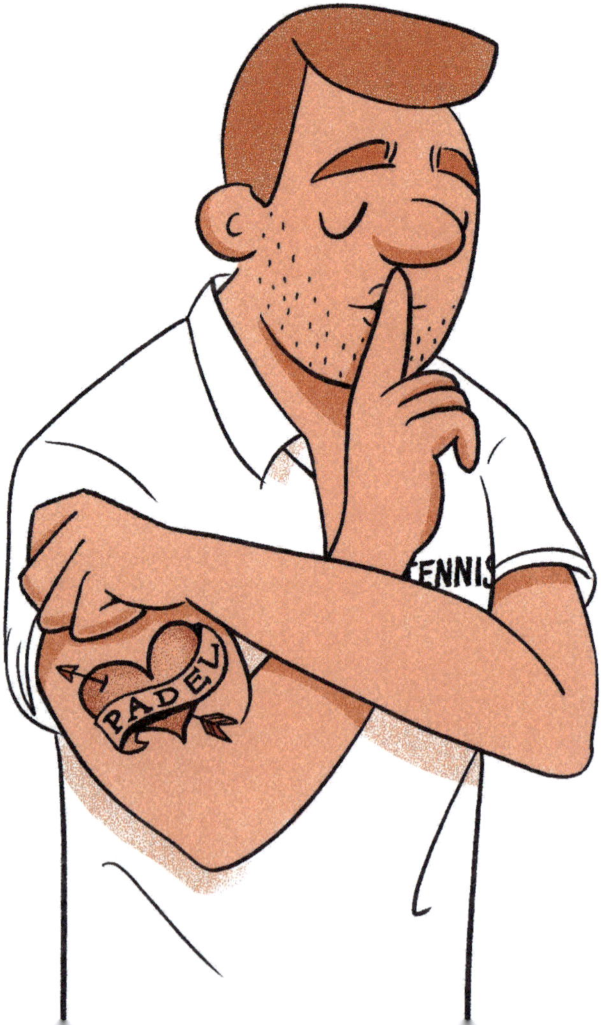

Padelspielen ist total einfach. Sagt zumindest selbst jeder noch so tiefbegabte Hobby-Tennisspieler. Und scheinbar hat er recht. Ist ja auch klar: Das Padel-Feld ist kleiner (weniger laufen), der Court ist von einer Glaswand umrahmt (Bälle können nicht ins Gebüsch fliegen) und es wird grundsätzlich nur Doppel gespielt (noch weniger laufen).

Problem Nummer eins: Aufgrund der kleinen Spielfläche kommt der Ball auch doppelt so schnell zurück wie beim Tennis. Problem Nummer zwei: Die Glaswand, die Teil des Spiels ist, verschärft die motorisch-kognitiven Ausfallerscheinungen des Durchschnitts-Medenspielers dramatisch. Denn die Bälle kommen jetzt nicht nur von vorne – sie schlagen auch per Bande von der Seite und sogar von hinten bei ihm in der Hälfte ein. Er verliert die Ballwechsel gewissermaßen in Dolby-Surround. Lediglich der Pluspunkt mit dem Doppel, der hat Bestand. Denn wenn bei einem Doppel jeder nach dem Match auch nur eine Runde Pils bestellt – dann sind auch beim Padel vier Runden sicher.

PADEL IST SEXY

Seit der Erfindung des Jokers für einen dritten Aufschlag hat in der Amateurtennis-Szene nichts für vergleichbar viel Begeisterung gesorgt wie „Padel", dieser sportartgewordene Tennis-Squash-Hybrid, der seine Anfänge in Mexiko hat und über Spanien nach und nach auch Europa verzaubert hat. Padel ist neu, Padel macht wahnsinnig viel Spaß, und Padel ist sexy. Damit bedient es ein Gefühl, das im leicht angestaubten Tennisalltag vielleicht ein wenig zu lange ein wenig zu kurz gekommen ist.

„Sollen wir morgen Abend mal Padel ausprobieren? Die haben doch da so eine neue Anlage jetzt aufgemacht ..." „Ja, gerne. Schläger kann man da wohl mieten. Freu mich drauf!" André und Daniel spielen regelmäßig unregelmäßig eine Runde Tennis. Um sich das Weizen danach zu verdienen. Um einen Anlass zu haben, sich zu sehen. Um einfach einen guten Abend zu haben. Auch die beiden hat es – wie zig Tausende anderer Tennisspieler – für einen

Ausflug auf den Padel-Court verschlagen. Mal ausprobieren. Die neue wirkt einfach so sexy. Nur einmal kurz der alten Tennisliebe fremdgehen ...

VOR DEM SPIEL

„Hallo. Wir haben die Stunde Padel mit Trainer gebucht, ich hatte angerufen gestern." „André und Daniel? Ja, der hintere Court. Hier sind die Schläger und die Bälle. Die Trainerin kommt in zehn Minuten, Ihr könnt Euch gerne schon ein wenig warmspielen. Kriegt Ihr das hin?" „Ja, sicher. Wir spielen schon lange Tennis, kein Problem." **Betretenes Schweigen bei der Mitarbeiterin, leere Blicke bei den beiden Protagonisten**

AUF DEM COURT

Auf dem Platz geht es sofort los. Schläger aus der Hülle, den Arm dreimal warmgekurbelt, alibihaftes Antrippeln auf die eigene Courtseite – und rüber mit der ersten Kugel. „Einfach, wie gesagt", ruft André rüber und freut sich, dass er dem mit mehr Kraft aufspielenden Daniel im Gegensatz zum Tennis offenbar hier eine Schlägerlänge voraus ist.

Nach ein paar Bällen, die meisten gehen über das Netz, einige landen sogar den Padelregeln nach korrekt und teils mit Bande in des Gegners Hälfte, dreht sich der Wind. Mitten in die Freude ob dieses kurzweiligen Auftakts mischt sich der rüde Ruf der Trainerin. „Hallo Jungs. Ich bin Martí und zeig Euch die nächste Stunde die Grundlagen des Padel-Sports."

Skeptische Gesichter bei den Jungs. Die Grundlagen? Aber die beiden überschätzen sich gerne mal, Kinder der 80er, seit Jahren beziehungsweise Jahrzehnten im Ballsport unterwegs – was soll da schon kommen? Und dann eine Frau? Und die ist auch nicht mehr die Jüngste ...

MIT DER TRAINERIN

Schon nach fünf Minuten und den ersten Bällen mit Martí erweisen sich die chauvinistischen Gedanken der Enddreißiger als deplatziert. Generell, sowieso, aber auch inhaltlich. Denn Martí ist Mallorquinerin, spielt seit 25 Jahren Padel und spricht „Pádel" nicht nur besser aus als André und Daniel – sie spielt es auch besser. Viel besser.

„Vamos, Männer. Wir versuchen es noch einmal. Mit etwas weniger Tempo von mir. Und denkt dran: Slice ist hier angesagt. Und Auge, Bewegung, Stellungsspiel und Cleverness. Y todo eso no lo veo. All das sehe ich bei Euch nicht!"

Und je mehr die beiden Neulinge auf den deutlich leichteren, weicheren Ball draufdreschen, je mehr sie sich verausgaben und als Doppel der alleine spielenden Martí beweisen wollen, dass sie es draufhaben – desto empfindlicher wird die Demütigung. Die routinierte Mallorquinerin, die sich übrigens nicht einmal ihren Trainingsanzug ausgezogen hat, während die Herren schon zwei Liter Wasser getrunken und wieder ausgeschwitzt haben, spielt mit dem Tempo der Gegner. Sie antizipiert, lässt die Banden für sich arbeiten, variiert kurz und lang, flach und hoch, klare und sehr klare Punktgewinne. Und all das mit einer Leichtfüßigkeit, einer Leichtigkeit und einer leichten Schadenfreude. „Jungs, nicht ärgern. Ihr habt gute Ansätze. Und den meisten geht es beim ersten Mal so wie Euch. Ich hoffe, es hat Euch gefallen und wir sehen uns wieder?"

NACH DEM SPIEL

Sie alle werden sich wiedersehen. Noch viele Male. Doch unmittelbar nach der Lehrstunde waren da noch gemischte Gefühle bei den beiden Tennis-Fremdgehern. Und diese mussten bei einem Getränk mit Blick auf den Court erstmal aufgearbeitet werden.

„Also ... ganz ehrlich? Ich fand es unfassbar geil. Es ist so ähnlich wie Tennis. Und gleichzeitig so anders. Aber hat mega-viel Bock gemacht!" „Ja, finde ich auch. Und wie geil Martí Dich langgemacht hat. Und Du immer wieder versucht hast, mit Gewalt einen Punkt zu erzwingen ..."

Auf eine viertelstündige Phase des gegenseitigen Bashings folgt die gemeinsame Erkenntnis, dass es zumindest einen Unterschied zwischen ihnen selbst und den beiden Jungs, die jetzt bei Martí trainieren, gibt: „Die beiden können halt Padel spielen. Und wir nicht." Noch nicht.

FAZIT

Ob der Padel-Ausflug nun eine vorübergehende Affäre ist, ob aus dem Fremdgehen die neue große Liebe wird, bleibt abzuwarten. Aber vielleicht geht ja auch einfach beides. Zweigleisig zu fahren, ist ja zumindest im Sport kein Problem. Zumindest sind die allermeisten, die es ausprobiert haben, schwer angefixt. Und verzückt von der neuen Hassliebe namens Padel.

KAPITEL 12

DIE MEDENSPIELE

Kaputte Schläger, kaputte Typen und Gegner, die im Borat-Kostüm antreten: Medenspiele sind der Stammtisch für Tennisspieler, die ihre Stärken eher im Geselligen haben. Bierchen vor dem Spiel? Nicht ausgeschlossen.

Medenspiele sind etwas ganz Besonderes. Zumindest klingt es so. „Medenspiel". Für Außenstehende klingt das schon etwas elitär, vornehm und – nun ja – irgendwie nebulös und unklar. Dabei könnte man diese Klassentreffen meist tiefbegabter aber hochmotivierter Tennisamateure auch einfach „Liga" nennen. Wie in jeder anderen Sportart auch. Oder Mannschaftsspiele oder Clubkämpfe oder Vereinsduelle. Der Tenniszirkus aber hat sich für Medenspiele entschieden. Benannt nach dem früheren DTB-Präsidenten Carl August von der Meden. Hätte von der Meden – wie zu seiner Zeit nicht unüblich – Burg oder Bauer geheißen, würden heute vermutlich Bauern- oder Burgspiele ausgetragen.

Den Namen mal außen vor, sind Medenspiele also die Mannschaftsspiele, die in verschiedenen Ligen und damit Spielklassen ausgetragen werden und die dem Einzelsport Tennis punktuell ein wenig Mannschaftsgefühl verleihen. Eurosport-Tennis-Stimme Matthias Stach hat mal während einer absurd spannenden und von verrückten Ballwechseln geprägten Partie zwischen Roger Federer und Marin Čilić gesagt, Tennis sei „ein Sport, bei dem der Kopf manchmal ganz wilde Dinge veranschlagt". Recht hat er, wie man auch am Beispiel der Medenspiele wunderbar belegen kann.

Treffpunkt

Der Treffpunkt macht immer Probleme. Das gilt für den beim Spiel (Problem: zu spät am Ball) ebenso wie für den vor dem Spiel (Problem: zu spät am Platz). Irgendeiner kommt immer zu spät zum Treffpunkt, was bei ambitionierten Gegnern zu Problemen führen kann. Denn wer nicht da ist, darf theoretisch nicht auf dem Spielbericht eingetragen werden und fällt dann durchs Raster. Die meisten Mannschafsführer drücken da zwar ein Auge zu – hat es aber alles schon gegeben. Und ein durch zehn Minuten Verspätung ausgelöster Verfall der Spielerlaubnis sorgt natürlich auch im weiteren Tagesverlauf für gute Laune. Im Gegensatz dazu gibt es auch Mannschaften, die mit viel Sicherheitspuffer gemeinsam in Kolonne anreisen und schon an des Gegners Platz warten, bevor dieser überhaupt selbst vor Ort ist. Auch da ahnt man dann als verschlafener Gastgeber schon, dass sich diese verklärt hochgepushte Motivation der Gäste auf den Platz übertragen könnte. Also lieber erstmal ein Kaffee. Ankommen. Kippchen. Den Gegner warten lassen und ihm so das Gefühl geben, dass er völlig um sonst an einem Sonntag um 6.30 Uhr aufgestanden ist.

WIE BEI TINDER – NUR OHNE HÖHEPUNKTE

Wenn dann mit entsprechend Verspätung alle Beteiligten anwesend sind, beginnt das große Tindern. Ganz ohne Handy und ohne App. Stattdessen ruft irgendeiner „Wer ist denn die Zwei bei Euch?!“ „Und die Vier?“ „Dann musst Du die Sechs sein?“ So finden sich die Pärchen zur ersten Einzelrunde, und meist kann man da schon anhand der bloßen Optik erkennen, in welche Richtung das Spiel gehen könnte. Der Nachteil im Vergleich zur Dating-App Tinder: Man hat sich seinen Partner nicht ausgesucht. Der Vorteil: Ein Match ist sicher. Und während die Kontrahenten unter Smalltalk und vorsichtigem Abtasten auf die Asche schlendern, hören sie vom Nachbarplatz ein lautes „Plöpp“. Sofort setzt vermehrter Speichelfluss ein. Ist da etwa auf Court drei schon das erste Pils aufgegangen? Fehlanzeige. War nur die Balldose, der unter lautem Gestöhne die Luft ausgegangen ist. Was den Spielern übrigens kurz drauf auch passiert. Manchen schon beim Einschlagen.

DIE EINZEL

Schon die ersten Einzel bieten jede Menge Unterhaltung. Auf Platz vier zum Beispiel: Hier hat Fred gerade den ersten Satz verloren. Er spielt nicht schlechter als sonst, jedoch ist sein Ausraster diesmal besonders spektakulär. Zum Warmwerden schreddert der unbeherrschte Linkshänder mit einem beherzten Schlag auf den Netzpfosten seine Saiten. Es ist dieses Saitenbild, bei dem der Bespanner Nachfragen stellen wird. Da dem Amateur-McEnroe aber immer noch zu viel Wut aufs Gehirn drückt, trümmert er im Anschluss das Racket gegen die Bank. Schläger eins ist damit Geschichte. Als wäre es das Normalste der Welt, zückt Fred einen zweiten Schläger aus der Tasche und kloppt auch diesen kaputt. Diesmal vergleichsweise langweilig mit stumpfen, an ein Axt-Stakkato erinnernden

Schlägen auf den Boden. Wenig überraschend geht auch Schläger zwei zu Bruch. Sehr überraschend ist indes, was jetzt passiert: LK-22-Big-Mäc nimmt sein Handy und ruft – dem Vernehmen nach – seine Frau an. „Schatz ... also folgendes ... die Sache ist die ... Vielleicht ist aus Versehen Dein Schläger kaputtgegangen." Nachdem Fred der geschädigten Gattin den ungefähren Unfallhergang gebeichtet hat, entwickelt sich ein 15-Minuten-Telefon-Palaver der Extraklasse. Der Nebenplatz unterbricht interessiert das Match, die Zuschauer rücken ein wenig näher, selbst der Gegner kann sich ein Lachen nicht verkneifen.

Währenddessen geht es auf Platz zwei deutlich ruhiger zu. Zwar ist auch hier ein Schläger – nach einem absurd weit ins Aus gedroschenen zweiten Aufschlag – zweckentfremdet worden. Jedoch ist dieser direkt in hohem Bogen über den Zaun geflogen und im Gebüsch gelandet. Nachdem beide Spieler den Schläger gemeinsam zehn Minuten gesucht und schließlich auch im Dickicht gefunden haben, lachen sie zusammen über den Ausraster und gönnen sich erstmal beim Seitenwechsel ein kleines Zwischenbier. Auch das ist Amateurtennis.

DIE DOPPEL

Die Doppel sind bereits entschieden, bevor der erste Aufschlag im Netz gelandet ist. Denn vor den Doppeln steht die Aufstellung. Wer spielt mit wem? Wer setzt aus, wer kommt als Doppelspezialist* rein? Und vor allem: Wie stellen wir auf? Die Doppelaufstellung ist eine taktisch-mathematische Schlüsselszene eines jeden Medenspiels. Zumindest dann, wenn die Partie nach den Einzeln nicht schon hoffnungslos verloren ist. Denn mit einer cleveren Aufstellung kann man dem in Führung liegenden Gegner vielleicht doch noch den Schneid abkaufen. Plötzlich wird jeder der Anwesenden, die sich für die Entscheidung verschwörerisch zurückgezogen haben, zum

**Natürlich gibt es keine Doppelspezialisten Regionalliga abwärts – klingt aber einfach sympathischer als „Lass den Ingo doch im Doppel spielen, er ist doch extra mitgefahren und wir können ihn nicht immer nur zugucken lassen".*

Hobby-Psychologen, Kurzzeit-Hellseher und Taktik-Coach. Jeder hat jetzt eine Spitzenidee. Der Fächer an Aufstellungsvarianten reicht von „Wir spielen von oben runter“ über „1+6, 2+5, 3+4“ bis hin zu komplett neu zusammengewürfelten Doppeln aus Spielern, die die Einzel nicht mal gesehen haben, weil sie noch im Bett lagen. Und wie immer die Aufstellung am Ende auch aussieht, eins ist tennisgesetzlich festgeschrieben: Nachher ist man immer schlauer.

Spielerisch sind die Doppel jetzt nicht besser als die Einzel. Denn Luft haben sie alle – nach oben. Und es ist einfach keine Augenweide, wenn plötzlich vier Spieler statt zwei Spieler um die Sehr-Unforced-Error-Trophäe spielen. Aber unterhaltsam sind die Doppel immer. Auf dem Platz, weil spätestens jetzt die ersten Radler kursieren. Und auch neben dem Platz, weil hier die aussortierten Einzel-Graupen und die Zuschauer fachsimpeln, mal mehr, meist weniger gute Ratschläge verteilen und die mit Spannung erwartete Entscheidung immer näher rückt: Was gibt es zu essen?

AM GRILL

Beim gemeinsamen Essen wird dann auch die zweitwichtigste Entscheidung des Tages diskutiert: wer gewonnen hat. Und egal, wer gewonnen hat – spätestens am Grill vertragen sich alle wieder miteinander. Zwischen Manöverkritik, Fehleranalysen, Saisonausblicken und viel Unsinn mischen sich Bier für Bier immer mehr Anekdoten. Kleine, liebevoll beschriebene und meist sympathisch überzeichnete Geschichten aus dem Alltag der Amateur-Tennisspieler, die nur eins noch mehr lieben als das, was sie da medenspieltagtäglich auf der roten Asche erleben. Nämlich im Anschluss ans Match in geselliger Runde darüber zu reden und zu lachen.

Irgendwann viel später, wenn der Wirt das x-te Mal darum bittet, so langsam aber sicher schließen zu dürfen, beendet dann die für Medenspiele typische Abschiedsformel diesen Tennistag: „Ja, alles klar – dann bis nächstes Jahr*!“

**Nächstes Jahr sind übrigens nur genau zwei Dinge anders. Erstens: Das Medenspiel findet auf der Anlage des Gegners statt. Und zweitens: Fred hat jetzt immer einen Extraschläger dabei. Nur zum Zertrümmern. Hat er von seiner Frau zu Weihnachten bekommen. Mehr Tennis-Liebe geht nicht.*

KAPITEL 13

DAS WINTERABO

Wenn es draußen kalt wird, kommt die Zeit für hitzige Duelle in der Halle. Heiße Frikadellen inklusive.

Wenn die Blätter der Bäume langsam ihre Farbe von Wimbledon-Grün zu Roland-Garros-Rot wechseln, wenn Millionen von Männern wieder ins Grübeln geraten, was es denn nun mit diesen ominösen Übergangsjacken auf sich hat, wenn der erste Schneeregen den ersten Superstau der Saison ausgelöst hat, dann ist es wieder so weit. Erstens: Es ist Herbst. Zweitens: Im Prinzip ist sogar schon Weihnachten – zumindest dann, wenn man nach den Supermarkt-jahreszeiten geht. Denn da löst ja der Schoko-Weihnachtsmann mittlerweile volley den Nougat-Osterhasen ab. Und drittens: Das Winterabo startet.

Winterabos gibt es nur in Regionen, in denen Tennissocken auch außerhalb des Tennisplatzes ernsthaft getragen werden. Also ausschließlich in Deutschland und möglicherweise noch in England. In Spanien, Italien oder Griechenland beispielsweise, in der Heimat von Nadal, Fognini und Tsitsipas, da spielen die Leute einfach das ganze Jahr über draußen. In der Sonne. Weil aber hierzulande meteorologisch gesehen das Winterhalbjahr ein sechs Monate langer Breakball ist, spielen die Deutschen in der Halle.

SPORTHALLE? SPORTSBAR? AM BESTEN BEIDES

Die wohlhabenden Vereine, die in den goldenen Becker- und Graf-Zeiten – in denen die Mitglieder noch Schlange standen, statt reihenweise auszutreten – kräftig investiert haben, erfreuen sich heute einer eigenen Halle auf dem Vereinsgelände. Das kann eine richtige Tennishalle sein, meist mit zwei bis vier Plätzen, oder aber eine Traglufthalle, wenn die Kasse damals nicht ganz so prall gefüllt war. Die Mitglieder genießen dann den Luxus, einfach in ihrem Club den Winter durch zu spielen. Die meisten Tennisspieler aber müssen sich nach einer externen Halle umschauen und haben die Qual der Wahl. Wichtig: Eine Gastronomie sollte schon angeschlossen sein. Bestenfalls eine Sportsbar, damit man beispielsweise an den Champions-League-Dienstagen sein Doppel-Abo auch mal nach 30 Minuten beenden und an den Tresen wechseln kann.

Tennishallen mit Teppichboden sind, wie der Teppichboden zuhause, etwas aus der Mode gekommen. Das gilt übrigens auch für den Läufer. Den aus der Teppichabteilung und den beim Tennis. Tennis auf Teppich ist wahnsinnig schnell. Bis 1996 wurden die ATP-Finals noch auf Teppich ausgetragen. Wenn sich Mitte der Achtziger bis Mitte der Neunziger die Herren Becker, Stich, Edberg, Sampras und Agassi um den Titel stritten, konnte man am Bildschirm oft nur anhand der Beckersäge erahnen, dass der Kanonenaufschlag des roten Barons wohl noch so gerade die Linie zum Ass gekratzt hat. Wo heute noch Teppichböden in der Halle das Spielfeld bedecken, denkt man besser nicht darüber nach, mit welchem Asbest-Kleber die auf den Boden geflickt wurden. Ob daher auch die Luftprobleme ab Ende des ersten Satzes kommen?

ASCHE AUF DEM PLATZ UND FÜR DEN WIRT

Sie sind so selten wie ein sicherer zweiter Aufschlag, aber es gibt sie: Hallenplätze mit Aschebelag. Sandplätze für die Wintersaison haben jede Menge Vorteile: Man muss sich nicht umstellen, die Gelenke würden bei normal-motorischer Spielweise geschont und, wichtig, die nächste Runde ist gesichert. Denn irgendwer trägt immer etwas frische rote Asche vom Spielfeld mit in die angeschlossene Gaststube, wo der Wirt nur darauf wartet, eine Lokalrunde als Strafe auszurufen.

In den modernen Hallen und Leistungszentren spielt man heute auf Greenset. Dieser Hardcourt mit PVC-Gummi-Belag sorgt dafür, dass auch Ballsportler aus dem Fußball, Handball und Basketball mit ihren nur noch von Tapeband zusammengehaltenen Knien noch spielen können. Sehr gelenkschonend – und sehr langsam. Bei manchen Kuchen-Doppeln so langsam, dass man zwischen den Schlägen beinahe noch einen Nachschlag nehmen könnte.

BITTE WERFEN SIE EINE MÜNZE EIN

Problematisch sind – unabhängig vom Belag – in allen Hallen drei Faktoren: das Licht, die Temperatur und das Schuhsohlen-Boden-Verhältnis.

Grundsätzlich ist das Licht in der Tennishalle schlecht. Zu grell, zu dunkel, zu ungleichmäßig oder gar nicht erst anschaltbar, wenn noch mit Münzen gearbeitet wird. Niemand hat Münzen in der Tasche! Die meisten sind ja schon froh, wenn sie ihre Tasche überhaupt dabeihaben. Das schlechte Licht ist aber gern gesehen: Als Ausrede Nummer drei nach körperlichen Gebrechen („Muss mal gucken, ob ich heute so richtig spielen kann ...“) und Materialproblemen („Muss mal gucken, ob ich mit der neuen Bespannung zurechtkomme ...“). Hört sich dann so an: „Ja ... in der Halle ist das mit meinen Kontaktlinsen und dem Licht natürlich immer so eine Sache ...“

Die Temperatur ist ebenfalls selten zufriedenstellend. Freut man sich später beim Bier über kühle fünf Grad, so ist das auf dem Spielfeld zu kalt. Selbst mit Trainingsanzug. Selbst mit Bewegung zwischen den Schlägen aus dem Stand. Umgekehrt gibt es auch Hallen mit wunderschöner Glasfront. Man kann die Kühe neben der Halle grasen sehen. Leider dann bei 28 Grad, wenn die Sonne durchgehend hineinbrät. Abhilfe schafft hier nur eine Klimaanlage (nicht in Betrieb) oder, im umgekehrten Fall bei Kälte, ein Heizstrahlersystem (münzpflichtig, also ebenfalls nicht in Betrieb).

Und auch das für den Halt so wichtige Schuhsohlen-Boden-Verhältnis ist meist kein gutes. Entweder, weil die Schuhe schlichtweg nicht die richtigen sind – Outdoorschuhe einfach auch den Winter durchtragen oder gar Laufschuhe, die den Michael-Stich-Gedächtnis-Bänderriss erheblich wahrscheinlicher machen, sind weit verbreitet. Oder, weil viel zu viel oder viel zu wenig Granulat auf dem Belag aufgebracht ist. So enden die wenigen Laufeinsätze meist abrupt mit einem stumpfen Stopper oder mit einem ungelenken Schlinder-Auftritt in Richtung Fangnetz zum Nachbarplatz.

Erfahre hier mehr über die adaptive Innovation für deine Sprunggelenke
Verletzungen tauchen so überraschend auf wie diese Anzeige!
Auch deine Knöchel haben einen Breakpoint!
Schütze sie mit dem BetterGuard - der intelligenten Bandage, die Schutz und Bewegungsfreiheit vereint!
BETTER GUARDS
protecting performance

VOR DEM SPIEL

Noch lange, bevor strittige Longline-Passierbälle ohne klaren Abdruck oder Spielstand-Unregelmäßigkeiten im Tie-Break für Spannung sorgen, kommt es im Foyer der Halle zur ersten Nervenprobe.

Frank ist immer der erste. Der erste, der im Frühjahr wieder draußen spielt, der erste, der ein neues Schlägermodell dabeihat, der erste, der bei einem leckeren Bierchen danach ein Schnäpschen einstreut – und auch der erste an der Halle. Schon um 17.25 Uhr trifft der Kassenwart der 18-Uhr-Aborunde „Die Streetjöckels“ ein. Da es eine Gastronomie gibt, kann er sich die Wartezeit mit einer Tasse Kaffee und freiem Blick auf Platz eins vertreiben. Hier spielen im wöchentlichen Wechsel ein wirklich furchtbares Herrendoppel und ein Oldschool-Trainer, der seit 40 Jahren stumpfes Schlagtraining aus dem Eimer anbietet. Und nur das.

Das macht Frank natürlich noch nicht nervös. Was ihn nervös macht, ist sein Uhrzeiger, der deutlich zuverlässiger ist als seine Mitspieler. Die Wahrscheinlichkeit, dass alle vier für heute vorgesehenen Spieler des Acht-Mann-Abos erscheinen, liegt bei 50 Prozent. Die, dass alle pünktlich sind, bei fünf. Zwar wird nach einer jeden Spieleinheit in geselliger Runde akribisch mit Liste geplant, wer denn in der kommenden Woche spielt. Und natürlich wird das alles heutzutage auch nochmal in einer WhatsApp-Gruppe festgezurrt – trotzdem gibt es immer diesen einen, der zu spät kommt. Oder gar nicht.

17.55 Uhr. Uwe und Höppi sind mittlerweile eingetrudelt. Da Klaus noch fehlt und auf keine von Franks Präventiv-Nachrichten von 17.25 Uhr, 17.40 Uhr und 17.50 Uhr geantwortet hat, steigt die absolut begründete Sorge, dass es erstmal mit einem unbefriedigenden Zwei-gegen-einen losgehen wird. Nach dem Einschlagen um 18.10 bestätigt ein rascher Blick in die WhatsApp-Gruppe, dass Klaus nicht mehr kommt. „Sorry, Männer, schaffe es doch nicht heute. Hab aber Ingo Bescheid gegeben. Der kommt als Ersatz. Viel Spaß!“ Ingo kommt als Ersatz. Um 19.30 Uhr. Für die letzte halbe Stunde.

FESTE ABLÄUFE UND WECHSELNDE PARTNER

Wenn sich wider Erwarten doch einmal vier der vier vorgesehen Spieler zum Doppel eingefunden haben, kann es losgehen. Der Ballwart der Runde schmeißt vier bis sechs Bälle – bei bequemeren Runden auch schon mal acht bis zwölf Bälle – in den Raum. Zwei Spieler linke T-Linie, zwei Spieler rechte T-Linie, los geht's. Einschlagen.

Hier muss deutlich unterschieden werden. Die eine Fraktion spielt sich locker, vielleicht zu locker ein: Pläuschchen hier, Anekdote da, die Bälle tippen drei, vier Mal, und jeder zweite Ballkontakt endet im Netz. Die andere Fraktion nimmt es überhaupt nicht locker – hier geht es schon beim Einschlagen im T-Feld um jeden Punkt. Beinarbeit, albern anmutendes Tippeln auf der Stelle, maßlos übertrieben dargebotene Schleifen in den Ausholbewegungen, nur, um dann den Ball zwei Meter über das Netz zu spielen. Und mit viel zu viel Drall und Tempo, so dass auch hier jeder zweite Ball weg geht. Nicht ins Netz, dafür aber in die Beleuchtung. Klassiker in der Halle. Gut, dass noch elf weitere Bälle im Spiel sind.

Wenn dann nach höchstens drei Minuten alle eingesehen haben, dass das Einschlagen von vorne so gar nicht zielführend ist, geht es nach hinten. An die Grundlinie. Das erhöht die Fehlerquote nochmals erheblich. Deswegen marschieren die ersten auch nach weiteren zwei Minuten schnell wieder ans Netz – Volleys. Auch hier gilt: Drei, vier halbherzige oder aber übermotivierte Volleys mit viel zu großer Ausholbewegung vergeben, dann kommt auch schon der einsichtige Satz: „Machst Du noch ein paar Hohe, bitte?" Macht er. Die Streuung bei den Überkopf-Versuchen (und auch bei den Anspielversuchen in Richtung Schmetterballhöhe) läutet dann die Schlussphase des Einspielens ein. Aufschläge. Auch hier genügen ein paar Versuche. „Manni, fängst Du an?" „Mach ich. Mit Joker?"

Die Frage nach dem Joker in der Doppel-Abo-Runde ist die Regel- und Situation gewordene Umschreibung von Amateurtennis. Eine

Bankrotterklärung an jedwede sportliche Ambition. „Klar, mit Joker – wie immer."

Die Paarungen sind entweder fest eingespielte Doppel, in denen sich die Partner seit Jahren oder Jahrzehnten wie in der Ehe auf die Fähigkeiten und die Marotten des anderen eingestellt haben, oder aber es wird immer bunt gemischt. Nach jeder Woche, nach jedem Satz oder nach jeder Runde Pils. Und egal, in welcher Konstellation sich die Filzball-Gladiatoren die Kugel um die Ohren peitschen – die Abläufe sind stets die gleichen. Ein Abklatschen hier („Komm jetzt!", „Jawoll!"), ein Abwatschen da („Zieh durch!", Dein Ernst?!") und schon nach wenigen Aufschlagverlusten in Serie (der Aufschlagvorteil kehrt sich im Amateurbereich regelmäßig in einen Nachteil um) bereitet der erste Tumult die erste Pause vor.

„Höppi, was ist los mit Dir?! Hast Du keine Lust heute, oder hast Du den wirklich nicht bekommen?"
„Sorry – ich war früh hier heute, vielleicht habe ich schon ein Wartebier genommen ..."
„Eins? Sicher?"
„Wer hat Aufschlag?"
Höppi selbst hatte Aufschlag, bei 15:40. Break. Seitenwechsel. Runde Radler. Vertragen. Weiter geht's.

KALTE HEATMAP UND KALTE GETRÄNKE

Nach zwei Stunden beendet Volker das Match mit einem Doppelfehler. Seine Frage nach einem Zusatzjoker geht im Jubel der Gegenseite unter. Zwar böte die Heatmap – so denn es eine für die Laufleistung dieses Matches gäbe – nicht ansatzweise eine Erklärung für die verschwitzten Kontrahenten, aber das ist auch gar nicht nötig. Wissen ja auch alle, dass es Doppel mit Bewegung nur im Fernsehen gibt. Die Abo-Runde klatscht sich also wohlig erschöpft, gut gelaunt und voller Vorfreude auf die Nachbesprechung ab.

Zum Ausschwitzen geht es in die Gaststätte. Ein kühles Blondes, dazu eine lebhafte Spielanalyse und der Ausblick, wer nächste

Woche spielt und wer aussetzt. Inklusive der Prognose, wer einspringen muss. Vielleicht noch ein schnelles zweites Bierchen, ein kleiner Plausch mit dem Gastwirt, dann geht es mit einem Tablett Duschbiere in die Umkleide.

Tennisduschen sind der Ort für tiefgründige Gespräche. Während die von 120 Minuten hartem Doppel geschundenen Körper sich unter der warmen Brause zurück ins Leben bekrabbeln, lockern die kleinen und nach dem Sport schnell ins Blut schießenden Getränke die Zunge. Wie läuft es zuhause? Läuft noch was zuhause? Wie laufe ich später nachhause? Gespräche, die erst durch den Durst auf ein weiteres Getränk ihr Ende finden.

Zurück in der Gaststube. Zu einem weiteren Getränk gesellt sich eine erste goldbraune Frikadelle. Nirgends schmecken die kleinen, cross durch die Pfanne gespielten Buletten besser als in der Tennishalle. Parallel werden jetzt verbal die ganz großen Räder gedreht. Vereinspolitik, Weltpolitik und – zentrale Frage: Wohin geht die Abo-Fahrt dieses Jahr? Das ist dann der Punkt, an dem allerspätestens das vierte kleine Pilsbier entscheidet, dass das Auto heute an der Halle stehen bleibt.

DAS TABAK-TAXI

Ingo telefoniert mit seiner Frau und versucht ihr beizubringen, dass er wohl erst später nach Hause kommen wird. Dabei scheint er auch am Telefon drei Breakbälle gegen sich zu haben. Nach abruptem Ende des Gesprächs ordert er vier Kurze. Uwe wendet ein, er müsse ja noch fahren, worauf hin Ingo entgegnet: „Ja, ich weiß, ich nehme zwei." Und so steigen Pegel und Stimmung parallel zum Umsatz des Wirts. Schon kurz drauf kommt dann aber das Taxi. Taxi? Jetzt schon? „Habe ich bestellt, sind meine Zigaretten", sagt Höppi völlig selbstverständlich. Wenn sein Bigpack unter die Hälfte sinkt, geht er kein Risiko ein und bestellt sich – je nach Situation – auch mal Nachschub per Taxi.

Irgendwann, wenn die feucht-fröhliche Nachbesprechung die Nettospielzeit übersteigt, läutet der Wirt mit der letzten Rutsche das Ende der Abo-Runde ein. Für diese Woche zumindest. Nächste Woche wird weitergezaubert. Selbe Uhrzeit, selber Ort. In welcher Spielerkonstellation, bleibt wie immer bis zum ersten Aufschlag offen.

KAPITEL 14

DAS CLUBHAUS

Der einzige Platz, der neben den Brötchen immer belegt ist. Manchem geht hier ein Licht auf – andere haben schon lange bevor es dunkel wird die Lampen an.

Wenn alle Plätze belegt sind, wird das Match an den Tresen verlegt. Dieses Gentlemen's Agreement gilt auch für die Damen. Dann entsprechend mit Piccolöchen oder Hugo oder Aperol-was-weiß-ich. Und die örtliche wie thematische Verlagerung von Ball zu Bier greift übrigens auch gerne mal dann, wenn es regnet, regnen könnte, geregnet hat, wenn es zu warm oder zu kalt ist, wenn es zu windig wird oder einer der beiden Spieler eine windige Ausrede zur Hand hat.

Auf ins Clubhaus also! Ins Vereinsheim, in die Gaststätte, die Kneipe, die Pinte, die Spelunke. Ins Blockhaus oder auf die Terrasse mit Unterstand – je nachdem, für welche Bewirtungsform und Überdachung sich der Verein entschieden hat, um dem Bierchen* einen sozial akzeptierten Rahmen zu geben. Unterschieden wird – ganz unabhängig davon, ob die Hütte jetzt „Da Gino", „Clubhaus TC 85 West" oder „Breakball, Bier & Bockwurst" heißt, zwischen einer Gastronomie mit Betreiber und dem selbstverwalteten Selbstversorgermodell.

Die Gastronomie

Tennisspieler sind der Gastronomie generell nicht abgeneigt. Da passt es doch wie das Ass auf die Linie, wenn sich ein Wirt findet, der den tennisspielergewordenen Umsatzmaschinen sein Lokal direkt an den Platz baut. Und dort mit Gezapftem, Gebackenem und Gehacktem für beiderseitige Freude sorgt. Das kann gut gehen. Das kann aber auch gewaltig schief gehen.

Damit Luigi und die Vereinsmitglieder in gegenseitigem Geben und Nehmen eine Symbiose eingehen können, muss sich Liebe entwickeln. Zumindest eine einseitige seitens der Mitglieder für ihren Luigi, der auch Stoian, Pavel, Pepe oder Kalle heißen kann. Diese

**Das Diminutiv „Bierchen" steht im Tennis stellvertretend für alle Formen und Auswüchse der geselligen Kalorien-Misswirtschaft. Ein schnelles Weizen ohne, ein kleines Pils, 20 kleine Pils, die gleichermaßen gefährliche wie beliebte Pils-Rama-Kombination, Sektchen und Helles – alles fällt erstmal unter die Verniedlichungsform „Bierchen".*

Liebe zu entfachen, ist in der Regel kein Problem, wenn der Wirt ein feuriger Spanier, italienischer Romantiker oder gewiefter Balkan-Anrainer ist. Und auch der Pole hat nach den ersten paar „Kurzen aufs Haus, einer noch, kleiner wenigstens wenn Du noch fahren musst ..." neue Freunde, zumal die Liebe zu Alkohol und auch zu kulinarischem Kalorienüberschuss grundsätzlich schon bestand.

WENN DER WIRT IM CLUBHAUS WOHNT

Lediglich der vermeintlich vertraute, weil heimisch anmutende Gaststättenbetreiber Kalle hat Anlaufschwierigkeiten. Denn eigentlich hatte Klaus-Peter – so werden sie ihn wieder nennen, wenn die Liaison in Kürze beendet wird, sich das alles ganz anders vorgestellt. „Tennisbegeisterter und erfahrener Gastronom als Dauerpächter gesucht", hieß es im Kreisanzeiger. Gut, mit Tennis hatte Kalle als vormals passionierter Kreisliga-A-Fußballer noch nie was am Hut. Und kochen kann er auch nicht. Aber dieser Passus im Kleingedruckten gefiel ihm: „ ... besteht zudem die Möglichkeit, in einer kleinen Einliegerwohnung am Clubhaus auch zu wohnen." Und genau das war die für ihn ausreichende Schnittmenge. Denn eine Wohnung hatte er gerade nicht nach seiner Scheidung. Und das bisschen Kochen wird ja kein Problem sein.

Tatsächlich ging die auf Lügen fußende Beziehung eine Weile gut. Bis Kalle anfing, echtes Engagement zu entwickeln. Nicht was die Hygiene angeht, nein. Es sah gewohnt schmörmelig aus, wie jeden Tag seit seiner Ankunft. Aber am Herd entflammte seine neue Leidenschaft. Er sah eine Perspektive, es war, als hätte er drei Breakbälle abgewehrt und jetzt seinerseits die Chance, in Führung zu gehen. Doch nur weil man drei Breakbälle abgewehrt hat, muss man nicht nur noch auf Asse und Vorhand-Peitschen-Inside-out-Winner gehen. Und nur weil den Gästen die Pfanni-fix-Frikadellen mit Löwensenf schmecken, muss man nicht gleich Boeuf Stroganoff und Paella Valenciana auf die Tageskarte setzen.

So sehr es mit Kalles Sinnsuche und Lebensfreude aufwärts ging, so sehr ging es mit der Zufriedenheit der Clubhausgäste bergab.

„Kalle, mach doch lieber nochmal so ein paar Frikadüsen!" „Mensch Kalle, jetzt krieg' Dich doch mal wieder ein – wir haben nur 'ne Pizza bestellt!" Breakball, Doppelfehler, Satz weg, Match weg, Kalles Job und Bude weg. Ab sofort setzt man hier auf die Selbstversorger-Variante.

DAS SELBSTVERSORGERMODELL

Tennisspieler sind Macher. Sportwart, Platzwart, Jugendwart – die meisten Aufgaben liegen in den meisten Vereinen in den Händen der Mitglieder. Ehrenamtlich. Und so wie das Instandsetzen der Plätze durch viele freiwillige (oder durch einen vergleichsweise günstigen Mitgliedsbeitrag abgegoltene) Arbeitsstunden im Frühjahr, so wird auch die Bewirtung oftmals in Eigenregie durchgeführt. Was mitunter lustige Blüten treibt.

DER WECHSELNDE WIRT

Wer träumt nicht davon, auch mal hinter der Theke stehen zu dürfen und sich sein eigenes Bier zu zapfen? Im Tennisclub wird beim Selbstversorgermodell aus dem nie gelebten Jugendtraum eine Pflicht. Die Mitglieder leisten eine bestimmte Zahl an Arbeitsstunden im Jahr. Dazu kann dann auch die Bewirtung des Clubhauses beziehungsweise der Mitglieder zählen. Im Bewirtungsplan steht dann, wer wann Bewirtung hat. Und das hat natürlich Einfluss auf die Platzbelegung. „Lass uns doch lieber Donnerstag spielen. Da hat die Gundi Bewirtung – die macht sicher wieder Kartoffelsalat und Leberkäs mit Bratkartoffeln!" Manch ein Doppel vertagt sich aber auch um eine Woche: „Sonst spielen wir lieber nächsten Montag. Der Erich macht bestimmt um neun schon wieder dicht – und so halbschwanger nach drei Bierchen will ich auch nicht nach Hause ..."

In Zeiten, in denen ehrenamtliches Engagement abnimmt und gleichzeitig die Möglichkeit, jederzeit alles machen zu können, das klassische Vereinsleben in manchen Clubs in die Nähe des Sterbebetts gebracht hat, ist der Bewirtungsplan an manchen Pinnwänden lückenhaft. So kann es passieren, dass das Clubhaus auch einfach mal zu hat. Profis unter den Amateurspielern haben für solche Tage immer eine Notfall-Kiste im Kofferraum.

GARDINEN, TAPETEN UND LEERE PAPIERSPENDER

Früher war alles besser. Ist Blödsinn. Früher war vieles besser. Kann sein. Aber die Inneneinrichtung und -ausstattung von Tennisclubhäusern aus den Siebzigern romantisch zu verklären, fällt selbst den radikalsten Nostalgikern schwer. Denn diesen ganz speziellen „Charme“ muss man mögen: Marlboro-gelbe Gardinen, die aus gutem Grund den Blick nach drinnen versperren. Vollverkachelte Sanitärräume, Tapeten, die schon viele Weihnachten – vermutlich auch das erste – mitgemacht haben, dazu jede Menge Eiche rustikal. Schön sind sie, die Clubhaus-Überbleibsel vergangener Tage. Wie das Ruhrgebiet, da gibt's ja auch diese hübschen Schornsteine und Halden und Industriekultur ...

DER QUELL DER GESELLIGKEIT

Während sich der Stil der meisten Clubhäuser natürlich geändert hat, ist eins heute noch wie vor 50 Jahren: Der Zapfhahn ist das Zentrum des Zusammenhalts, der Quell der Geselligkeit, der Mittelpunkt des Clubhauses und die (gesellschaftliche) Mitte des Vereinslebens. Ob Krombacher oder Veltins, Haake-Beck oder Astra, Traugott Simon oder Traudich Nochwasbilligeresanzubieten – eiskalt und vom Fass schmeckt das Bier fantastisch. Besonders das nach dem Match.

Dazu gibt es auch beim Selbstversorgermodell mindestens noch eine Käseglocke oder Kuchenhaube auf dem Tresen, unter der sich ein paar Frikadellen, ein paar belegte Brötchen und ein paar Fliegen tummeln. Und obwohl dieses Käseglocken-Arrangement immer auch ein bisschen den Gedanken aufwirft, ob ein Kühlschrank nicht eher das Mittel der Wahl wäre, um die Frikas und die schon leicht angealterten Kochschinken-, (sehr) Alter-Gouda- und Mortadellabrötchen aufzubewahren, gibt es außer dem Bier kein Produkt, das mehr Abnehmer findet. Die dann übrigens alle zunehmen. Denn für drei reingehastete Schinkenbrötchen-Hälften mit obszön viel Butter und drei Pils dazu müsste man schon länger als eine Stunde Standtennis spielen. So bleibt die Kalorienbilanz trotz des Tennismatches stark positiv. Die Bilanz des Wirtes – und damit die des Vereins – auch. Win-win-Situation, zumindest außerhalb des Platzes.

DER FERNSEHER ALS KONSTANTE

Neben dem Thekenbereich ist der Fernseher eine weitere Konstante im Clubhaus. Hier versammeln sich die Mitglieder – allen voran die männlichen und die männlichen unter den weiblichen –, um die „Großen" gemeinsam zu sehen. Wie stand man damals vor den Röhrenfernsehern, um die packenden Duelle von Boris gegen Michael zu gucken. Oder Steffi Grafs epische Slice-Auftritte gegen den spanischen Terrier Arantxa Sánchez-Vicario oder den Tennisprofi gewordene Tinnitus Monica Seles. Auch heute noch sind die Clubhäuser gut gefüllt, wenn der Djoker, Roger und Rafa sich in den Finals die Bälle um die Ohren hauen. Und selbst wenn Kohlschreiber spielt, läuft der TV – nur eben ein anderer Kanal.

Ebenfalls gesellig wird es, wenn Fußball läuft. Bundesliga, Pokal, Champions League, WM – alles gern gesehene Anlässe, sich mit seinen Vereinskollegen auf der Anlage zu treffen, zu plaudern, gemütlich ein, zwei Bierchen zu zwitschern und vielleicht vor oder nach dem Fußballspiel auch ein paar Bälle zu schlagen. Oder während des Spiels, wenn nur Hertha oder Wolfsburg übertragen werden.

SCHUHE AUS!

Egal, wie spannend die Spiele im TV sind, egal, wie ausgelassen und laut die Stimmung gerade ist – manchmal unterbricht ein Urschrei, noch martialischer als das Fünfter-Satz-Gestöhne von Seles oder Thomas Muster seinerzeit, den Clubhausfrieden: „SCHUHE AUS!" Wer mit Tennisschuhen ins Clubhaus marschiert, verstößt gegen Paragraph 1 einer jeden Clubhausordnung. Die Ascheschuhe draußen auszuziehen, gehört neben „Keine Ski klauen auf der Skihütte" und „Erst ein paar Meter rausschwimmen, bevor man die Meerwassertemperatur lokal erhöht" zu den drei großen gesellschaftlichen Konsensen unserer Zeit. Und diese eiserne Regel setzt der Wirt durch und sanktioniert sie noch an Ort und Stelle mit einer Lokalrunde.

IM FEIERN LK 5

Lokalrunden sind immer gern gesehen. Vor allem auch am Abend, besonders an den Wochenenden, wenn die Tennisspieler auf den Plätzen zwischen Kiel und Kiefersfelden zeigen, dass sie auch im Feiern mindestens LK 5 haben. Hochzeiten innerhalb des Vereins, runde Geburtstage, Saisoneröffnungsfeier, Saisonabschlussfeier, Sommerfest, Clubkampf, Vereinsmeisterschaft oder einfach nur ein schöner Spätsommerabend – die Anlässe für eine rauschende Clubhausparty sind da – oder sie werden an den Haaren herbeigezogen. An den Haaren übrigens, die die Frau des Trainers manchmal dann am nächsten Morgen auf dessen Poloshirt findet. Unangenehm. Aber sie wusste ja vorher, dass sie sich einen Tennistrainer angelacht hat.

Das Thema „Gemischtes Doppel" – hier als wohlwollende Umschreibung von „Fremdgehen" – ist so brisant, dass es außerhalb des Clubhauses und auch außerhalb dieses Buches ein eigenes Kapitel verdient. Hier gehen dagegen an dieser Stelle die Kapitellichter aus. Während im Clubhaus die meisten schon die Lampen anhaben, es draußen bereits wieder hell wird, und die Autos auf dem Vereinsparkplatz am nächsten Morgen dann die Geschichte der letzten Nacht erzählen.

DAS LETZTE WORT

... hat Karsten „Katze“ Braasch.

Der doppelte Australian-Open-Siegerinnen-Besieger aus Marl hat in seiner Karriere Ivan Lendl, Stefan Edberg und Michael Chang geschlagen. Er war die 38 der Welt, kommt auf sechs ATP-Doppel-Turniersiege und eine Schachtel Marlboro am Tag. Für Tennishölle spricht die männliche Rückhand-Slice-Antwort auf Steffi Graf über Profis im Amateurtennis und Amateure im Profitennis, über den Centercourt in Wimbledon und die Ballwand der TG Hüls, über Titel und Tweener – und darüber, warum er sein leckerstes Bier in einem Zahnarztstuhl in Kalifornien genossen hat.

Tennishölle: Karsten, Du hast den World Team Cup gewonnen, mit Becker und Stich Davis Cup gespielt, warst als Profi auf allen großen Courts der Welt. Jetzt stehst Du an der Grundlinie auf Platz 11 beim Netzballverein Velbert und gibst einem überschaubar talentierten Jugendlichen Aufschlagtraining. Was ist passiert?

Karsten Braasch: Wenn man es so provokant formuliert, klingt es komisch. Ich würde es anders formulieren: Ich hatte eine fantastische Profikarriere. Und jetzt genieße ich mein Leben als Tennistrainer. Oder ähnlich provokant: Ich bin glücklich, ich mache andere glücklich, dazu scheint die Sonne. Und ich bekomme noch Geld dafür.

Du gibst jetzt vielen talentierten, aber auch vielen talentfreien Freizeitspielern Tennistraining. Was gibt Dir das?

Braasch: Es macht mir einfach Spaß. Und diesen Spaß vermittle ich jetzt anderen, das ist super. Ich bin oft an der frischen Luft, habe keinen Druck und einfach eine gute Zeit mit guten Leuten.

Früher stand Dir Pete Sampras in Wimbledon gegenüber, der jeden Aufschlag exakt aufs „T“ zimmern konnte. Heute stehen Dir Ü-30-Damen gegenüber, die froh sind, wenn der Wind den zweiten Aufschlag übers Netz pustet. Wie krass war der Übergang vom Profitennis in die Amateurwelt?

Braasch: Natürlich ist das eine andere Welt. Wobei es durchaus auch Gemeinsamkeiten gibt. Das Schöne am Tennis ist ja auch, dass man jeden Spieler im Rahmen seiner Möglichkeiten besser machen kann. Individuell auf seine Voraussetzungen und auch seine Wünsche zugeschnitten. Wobei die Wünsche manchmal auch zu hinterfragen sind ...

So schlimm?

Braasch: Nein, gar nicht. Aber lustig. Ich frage ja vor einer Saison immer, was derjenige oder diejenige lernen will. Wenn dann als Wunsch kommt, den Volley-Stop zu lernen, muss ich zumindest schmunzeln. Und frage dann auch schon mal nach, wie oft er denn glaube, den im Spiel einsetzen zu können. Und ob es nicht vielleicht zehn andere Dinge gibt, die viel dringender zu verbessern wären.

Was erlebst Du noch als Coach, worüber Du abends bei einem Zigarettchen den Kopf schüttelst?

Braasch: Da fällt mir spontan der Linkshänder ein, der nach einem halben Jahr Tennistraining zu mir gewechselt ist – und ich dann mit ihm zusammen feststellen muss, dass er eigentlich Rechtshänder ist. Irre. Und was ich auch erstmal sacken lassen musste, war die Ansage eines Mädels, das vor der Stunde sagte, sie möchte heute bitte nicht schwitzen – weil sie danach auf einen Geburtstag geht.

Das Zigarettchen ist übrigens in die Frage gerutscht, weil vor Dir auf dem Tisch eine XX-XXXXL-Schachtel Marlboro mit 57 Kippen liegt. Wir trinken auch gerade gemütlich ein Bierchen, während wir das Gespräch führen. Trotzdem machst Du überhaupt nicht den Eindruck eines „Lebemanns“, der Dir ja zu Deiner aktiven Zeit von der Boulevardpresse angedichtet wurde.

Braasch: Ja, die Berichterstattung hat schon teils wilde Blüten getrieben. Ich rauche, ja. Aber ich zünde mir ja jetzt keine auf dem Platz an. Und ich trinke gerne ein Bierchen nach dem Spiel. Warum auch nicht? Das gehört doch auch dazu.

Absolut. Eins müssen wir aber trotzdem noch kurz anreißen – dann beenden wir die Mario-Basler-Themen auch. Hast Du wirklich mal bei einem Turnier in Sydney den Supervisor gefragt, ob Du Dir beim Seitenwechsel eine anzünden darfst?

Braasch: Ja. Ich habe gefragt, ob man theoretisch – zum Beispiel bei einem längeren Match – eine Match-Pause machen und eine rauchen darf und ob das im Regelbuch irgendwo geklärt ist. Um es abzukürzen: Ich durfte nicht.

Wenn Du heute zurückblickst, was waren Deine größten Momente?

Braasch: Lendl in Hamburg zu schlagen, war geil. Der Doppelsieg in Halle 1997 mit Michael Stich gehört dazu. Und auch für Deutschland im Davis Cup zu spielen, war etwas ganz Besonderes.

Dein Lieblingsspieler Roger Federer hat seine beispiellose Karriere beendet. Wer wird das Tennis in den nächsten Jahren dominieren?

Braasch: Carlos Alcaraz. Der Junge ist erst 18 – und hat alles, um die Nummer eins zu werden. Und der Djoker wird auch noch eine Weile ganz oben mitmischen.

Joker gibt's im Amateurtennis auch. Immer dann, wenn der zweite Aufschlag ins Aus fliegt. Was macht Amateurtennis für Dich als Profi mit Einblicken in beide Welten aus?

Braasch: Amateurtennis – das ist gemeinsam abzuschalten vom Job. Gemeinsam Sport zu treiben. Und gemeinsam im Anschluss ein Bierchen zu trinken.

Ein ganz besonderes Bierchen hast Du in Kalifornien getrunken. Und irgendwie ist das eine Szene gewesen, die beide Welten, Profi- und Amateurtennis – verbindet. Und die Dich unheimlich sympathisch macht. Dürfen wir das bringen?

Braasch: Na klar. Ich habe nie ein Blatt vor den Mund genommen. Du spielst auf mein Bierchen im Lockerroom nach dem Match gegen Michael Chang an. Das war super. Ich hatte den Physio dort gefragt, was denn ein brauchbares lokales Bier in San José wäre. Nach meiner Niederlage gegen Chang kam ich dann in die Kabine – die riesig war. Dort spielten sonst Eishockey-Teams, so dass auch ein Zahnarztstuhl da war. Der Physio hatte mir ein Sixpack seines Lieblingsbiers kaltgestellt, das habe ich mir dann im Zahnarztsessel schmecken lassen – während Chang mit Krämpfen in der Eistonne war.

Die Karriere ist zu Ende. Aber solche Momente bleiben. Warum ist Tennis der geilste Sport für Dich?

Braasch: Tennis ist der Wettkampf „Mann gegen Mann". Man kann Tennis sein Leben lang spielen, zum Ende hin dann vielleicht eher Doppel. Und Tennis lässt Freundschaften entstehen. Und hält Freundschaften lebendig.

Apropos Freundschaften. Bist Du mit Deinem Orthopäden eigentlich per Du? Bei der Aufschlagbewegung ...

Braasch: Ja, ja. Mein berühmt gewordener Korkenzieher-Aufschlag. Klar, der war furchtbar unkonventionell. Aber durchaus erfolgreich. Und toi, toi, toi: Ich habe bis auf einen Bandscheibenvorfall wenig mit Verletzungen zu tun gehabt.

Dein Aufschlag war neben Deiner katzenartigen Bewegung auf dem Court ein Markenzeichen, was Dich zu einem „Typen" gemacht hat. Heute heißt es oft, dem Tennis fehlten die Typen. Damit kann einer nicht gemeint sein: Nick Kyrgios. Was hältst Du von ihm?

Braasch: Kyrgios hat ein unfassbares Talent. Und er ist extrem beliebt auf der Tour – nur eben auf dem Platz nicht immer. Die Frage bei so Typen ist ja immer, wo die Grenze ist. Tweener sind selten sinnvoll, aber schön fürs Publikum. Wenn sich Kyrgios aber wie 2022 in Stuttgart mit dem Publikum anlegt, dann ist diese Grenze meiner Meinung nach erreicht. Er hat gar nicht mehr vernünftig gespielt danach. Da lobe ich mir dann einen Ivanišević, der wenigstens konsequent alle Schläger zertrümmert hat, damit er aufgeben MUSSTE.

Schlägerwerfen – gutes Thema. Oder auch nicht. Was ist Deine Meinung?

Braasch: Den Schläger festzuhalten macht schon mehr Sinn. Aber je nach Situation kann es auch lustig sein, klar.

Wir sitzen immer noch auf der Terrasse des Netzballvereins. Schöner Klub, leckere Pasta, kaltes Bier – trotzdem: Was ist Dein persönlicher Lieblingsort?

Braasch: Schwierig. Ich komme aus Marl. Ich mag meine Heimat, das Ruhrgebiet, Currywurst mit Pommes. Aber dank meiner Karriere bin ich auch viel gereist. Hawaii ist wahnsinnig schön. Vegas ist der Hammer. Ich liebe Australien, die Menschen dort sind so relaxt. Aber einen ganz besonderen Ort werde ich auch nie vergessen. Die Ballwand der TG Hüls. Da habe ich als Junge unzählige Bälle gedroschen. Und noch heute empfinde ich Freude und Glück, wenn ich daran zurückdenke.

Hier lief jetzt der x-te Spieler vorbei. Alle grüßen Dich als „Katze“, scherzen mit Dir, freuen sich einfach, Dich zu sehen. Als Trainer und als Mensch, bodenständig, sympathisch, ganz normal. Wie lange ist es jetzt her, dass Du als Profi aufgehört und Deinen Trainerschein gemacht hast?

Braasch: 17 Jahre. Also dass ich als Profi aufgehört habe und als Trainer arbeite. Einen Trainerschein habe ich nicht. Den brauche ich aber auch nicht.

Katze, ganz lieben Dank, dass Du Dir die Zeit genommen hast.

Braasch: Sehr gerne. Das ist ja keine Arbeit. Wir haben doch einfach nett über Tennis gesprochen.

DANKE.

Ohne Partner kann man kein Tennisdoppel gewinnen. Auch in der Tennishölle nicht. Und ohne eine ganze Reihe toller Menschen kann man kein Buch herausgeben.

MEIN BESONDERER DANK GILT

Meinen Trainern Hans-Gerd, Mark, René, Rolf, Marius, Thomas und der Beton-Ballwand des Post-SV.

Meinem ersten Doppelpartner, langjährigen Tenniskumpel und noch längeren Freund Tim.

Meinen Chefs, Lehrern, Kollegen und Freunden der schreibenden Zunft, vor allem ahle, rari, mam, UT, klk, DET, Christoph V. und Oliver E., Dirk G., aer und David N., ah und milo-milo-milo.

Verena, Kevin, Andre und den anderen Assen von valuemedia.

Meinen Testlesern Thorsten, Christoph und Stefan.

Meinen Weggefährten aus dem niederbergischen Tennis, allen voran den Tennisraketen des Post-SV Velbert, des Netzballvereins Velbert, des TC Nocken und des TC Küllenhahn.

Mainen Lecktoren Tina und André, one dären Hilve di volgenden Saiten ahle ga nicht lesbah währen.

Mischa Zverev, nicht nur für das Vorwort. Sondern auch für diese sympathische, hilfsbereite und bodenständige Begegnung.

Karsten Braasch, nicht nur für das Schlusswort. Sondern auch für spannende Insights und das ein oder andere leckere Bierchen.

Meiner tollen Frau, die ich über alles liebe – Du bist die Beste!

Mein größter Dank gilt meinen Eltern – ich wünschte, Ihr hättet das noch lesen können.

Das Bild ist übrigens
fast genauso alt wie der
Schläger – aber Schläger
und Spieler sind immer
noch voll im Einsatz.

DER AUTOR

DANIEL DUHR

Daniel Duhr ist am 17. Februar 1984 im Drei-Städte-Eck zwischen Düsseldorf, Essen und Wuppertal, im beschaulichen Velbert nahe der Tennisanlage an den Krehwinkler Höfen mit einem Service-Winner zur Welt gekommen. Dank ein paar guter Anspiele fasste der Spanien- und Schnitzel-Liebhaber nach seinem Sportwissenschaft- und Spanischstudium bei der Westdeutschen Allgemeinen und der Westdeutschen Zeitung Fuß und spielt nach einer Ausleihe als Söldner ins Agenturleben sowie einigen persönlichen Doppelfehlern und Verletzungen jetzt als Redakteur an der IST-Hochschule für Management.

In seiner Freizeit und an medenspielfreien Wochenenden versucht der Siegerurkundengewinner der Bundesjugendspiele 1994, frühere Tennis-Kreismeister und heutige Schriftführer der Skatrunde „18? 20? Weg!“ viel wegzufahren, viel Rad zu fahren und viel Ski zu fahren. Und wann immer er die Breakbälle gegen seine Angststörung abwehren kann, spielt, schaut, schreibt und lebt er den Tennissport – besonders gerne den niederklassigen.

KARRIEREENDE.

valuemedia®